사서장도
은괄총요

四書章圖
檃栝總要

【중】

사서장도은괄총요【중】

四書章圖檃栝總要 中

1판 1쇄 인쇄   2018년 7월 25일
1판 1쇄 발행   2018년 7월 30일
—

저   자 ㅣ 정복심
역   자 ㅣ 전병욱
발행인 ㅣ 이방원
—

발행처 ㅣ 세창출판사

신고번호·제300-1990-63호 ㅣ 주소·서울 서대문구 경기대로 88 냉천빌딩 4층

전화·02-723-8660 ㅣ 팩스·02-720-4579

http://www.sechangpub.co.kr ㅣ e-mail: edit@sechangpub.co.kr
—

ISBN 978-89-8411-764-8 94140

978-89-8411-748-8 (세트)

ⓒ 전병욱, 2018

이 도서의 국립중앙도서관 출판시도서목록(CIP)은 e-CIP홈페이지(http://www.nl.go.kr/ecip)와

국가자료공동목록시스템(http://www.nl.go.kr/kolisnet)에서 이용하실 수 있습니다.(CIP제어번호: CIP2018022794)

이 번역서는 2014년 정부(교육부)의 재원으로 한국연구재단의 지원을 받아 수행된 연구임(NRF-2014S1A5A7038218).

This work was supported by the National Research Foundation of Korea Grant funded by the Korean Government

(NRF-2014S1A5A7038218).

사서장도은괄총요

四書章圖隱栝總要

The Translation and Annotation of
"The Diagrammed Chapters of the Four Books"

【중】

정복심程復心 저

전병욱 역

세창출판사

이 책은 조선시대의 학자들에게 흔히 『사서장도四書章圖』로 불린
『사서장도은괄총요四書章圖檃栝總要』를 번역한 것이다. 『사서장도』는
주자의 『사서집주』를 그림으로 해석한 저작으로서 원나라의 학자
정복심이 지은 것이다.

정복심程復心(1255-1340)은 자字가 자견子見이고 호號는 임은林隱이
며 1255년에 지금의 중국中國 강서성江西省 무원婺源에서 출생하여 줄
곧 그곳에서 활동하였다. 무원은 송대宋代에 휘주徽州(지금 안휘성의
대부분)에 속하였고 휘주는 엄주嚴州(절강성의 서부 지역)와 함께 진
晉나라 시기에 신안新安으로 불렸다. 이 무원은 파양호鄱陽湖의 서쪽
지역으로서 주자의 본적지로 주자 당시에 제자가 배출되었고 주자
학의 주요 근거지 백록동서원白鹿洞書院에서 멀지 않다. 그래서 정
복심이 성장하는 시기에 무원에는 여러 주자학파가 공존하고 있었
다. 주자의 제자인 동수董銖·정단몽程端蒙·황간黃榦에게서 두루 배

운 동몽정董夢程이 강서성 덕흥德興에서 학파를 형성하여 무원까지 세를 확장하면서 이 지역에서 심귀보沈貴珤·허월경許月卿·주홍범朱洪範 등이 배출되었다. 이들은 1279년 남송이 완전히 멸망한 뒤에도 원元나라 정권에 협조하지 않고 주자학에 종사하였다. 정민정程敏政의『신안문헌지新安文獻志』에 실린 전기문에는 정복심이 주홍범(호는 소옹小翁)의 제자로 소개되어 있는데, 그의 친구였던 운봉雲峰 호병문胡炳文(1250-1333)의 부친이 바로 주홍범의 문인이었으므로 정복심은 주홍범의 만년 제자인 셈이다. 그리고『사서장도』에 인용된 면면을 통해 정복심이 심귀보와 허월경의 영향을 많이 받았음을 확인할 수 있다.

정복심은 20세경부터 주자의『사서집주四書集註』의 각 장에 담긴 요지를 도식으로 그려『사서장도四書章圖』(뒷날 정복심의 저작 전체를 지칭하는『사서장도은괄총요四書章圖』와는 다른 의미이다. 아래도 동일)를 저술하기 시작하였고, 이어서 조순손趙順孫의『사서찬소四書纂疏』를 토대로『사서집주』에 대한 새로운 주석서인『사서찬석四書纂釋』을 제자인 왕약홍汪若虹 등과 함께 완성한 뒤에 1302년에 서문을 지었다.

1308년에 원나라 무종武宗이 등극하여 유교를 중시하면서 조여호趙與虎라는 학자가 항주로杭州路의 유학儒學[1]에 정복심의 이『사서장도』와『사서찬석』을 추천하였기 때문에 항주로 유학이 상급기관인 강절등처 유학제거사江浙等處 儒學提舉司[2]에 보고하고 강절등처 유학제거사는 이것을 상급기관인 강절등처 행중서성江浙等處 行中書省에 보고하였다. 1310년경에는 당시에 명망이 높았던 방회方回와 장몽해臧夢解가 정복심의 저작에 대한 추천서를 썼고 이를 토대로 송강부松江府의 지사知事[3]가 그것을 강절등처 유학제거사에 추천했다.
그러다 1311년에는 인종仁宗이 즉위하여 인재를 선발하라는 칙령을
내렸기 때문에 강절등처 행중서성은 정복심의 저작을 중서성에 보
고하였으며, 중서성은 예부禮部에 보내 검토하게 하였고 예부는 검
토 작업을 한림국사원翰林國史院에 맡겼다. 그리고 1312년에는 집현
원 학사集賢院 學士인 조맹부趙孟頫도 한림국사원에 정복심을 추천하
였다. 1313년 정월 말에 한림국사원의 검토 결과를 보고받은 예부
가 중서성에 보고하였고, 이즈음 정복심도 무원을 떠나 연경燕京으
로 향했다. 같은 해 7월에는 중서성이 한림국사원의 평가를 토대로
정복심을 무원로婺源路 유학의 교수敎授에 제수하였고 연경에 도착
한 정복심은 교수 직함으로 퇴직하여 귀향하기로 선택하고서는 당
시 명사들로부터 서문을 받았다.

정복심은 귀향한 뒤에 친척 등 좁은 범위 안에서 교육활동을 하
였던 것으로 보이며, 무원婺源의 호병문胡炳文과 이웃 지역인 휴녕休
寧의 진력陳櫟이 각각 『사서통四書通』과 『사서발명四書發明』을 저술하
는 과정에서 서로 의견을 교환할 때 정복심은 거기에 참여하지 않
았고 그의 저작은 두 사람에게 전혀 언급되지 않았다.

정복심의 저작이 언제 처음 출판되었는지는 명확하지 않은데 그
의 생전인 1337년에 복건성福建省 건양建陽의 부사富沙에 있던 덕신
서당德新書堂에서 출간되었다. 이 판본은 정복심의 『사서장도』와 『사
서찬석』을 통합하여, 『사서집주』의 각 장마다 도식과 주석을 붙인
『사서장도찬석四書章圖纂釋』과, 『사서집주』의 어느 한 장에 포함시키
기 어렵거나 통합적인 부분 등을 하나로 묶은 『사서장도은괄총요四

書章圖檃栝總要』로 구성되어 있다. 현재 남아 있는 덕신서당본은 판본 상태가 좋지 않은데 일본의 노무라 아츠시野邨溫가 1804년 교정하여 필사한 판본에 따르면『사서장도은괄총요』상·중·하권에 수록된 내용은 다음과 같다.

상권의 첫 부분에는 정복심을 조정에 추천하고 교수직에 제수하는 과정에 있었던 공문서들이 수록되어 있고, 그다음에는 서문과 시들이 수록되어 있다. 그다음부터가 정복심이 지은 글들인데, 먼저 정복심의 서문이 있고 그다음에는 범례와 함께 보편적 독서법,『사서』를 읽는 법,『사서집주』를 읽는 법 등이 수록되어 있으며, 그다음에는 도통道統과 관련된 계보가 소개되어 있다. 그다음이『사서장도』의 본문이라고 할 수 있는데, 주염계周濂溪의『태극도설太極圖說』과 관련된 일련의 그림들과 글들이 대부분을 차지하고 그다음에는 장횡거張橫渠의「서명西銘」과「동명東銘」에 대한 그림들과 글들이 수록되어 있다.

중권에는『사서四書』의 핵심적인 개념에 대한 분석을 담고 있다.『논어論語』→『맹자孟子』→『대학大學』→『중용中庸』의 순서로 구성되어 있는데『논어』와 관련해서는 심心·성性·인仁·의義·충서忠恕·지행知行·사잠四箴·박문약례博文約禮 등에 대해 설명하고『맹자』와 관련해서는 진심盡心·부동심不動心·성性·사단四端·천天 등에 대해 설명하였으며,『대학』과 관련하여서는 명덕明德·신민新民·치지격물致知格物·성의誠意 등에 대해 설명한 뒤『대학』과『중용』의 이동異同에 대해 다루었고『중용』에 대해서는 중용中庸·비은費隱·인심도심人心道心·귀신鬼神·성性·도道·교敎·중화中和·천도인도天道人道 등에 대해 설명하였다.

하권에는 명물제도名物制度와 관련된 부분으로 북극北極·팔일八佾·체禘·협祫·오묘소목五廟昭穆·사직단社稷壇·명당위明堂位·정전제井田制·왕기王畿·향사鄕射·향음주鄕飮酒 등에 대해 설명하는 내용을 담고 있다.

진력陳櫟의 제자 예사의倪士毅가 1337년에 편찬하여 1384년에 출간한 『사서집석四書輯釋』은 호병문의 『사서통』과 진력의 『사서발명』을 절충하여 만든 것인데, 이 책에는 정복심의 저작이 전혀 언급되어 있지 않다. 그런데 뒷날 정복심의 "사서장도四書章圖" 부분을 가려 뽑아서 거기에 예사의의 『사서집석』과 왕원선王元善의 『사서통고四書通攷』를 결합하여 만든 『중간사서집석重刊四書輯釋』이 출간되었다. 그리고 『영락대전永樂大典』이나 『성리대전性理大全』에도 곳곳에 『사서장도』(정복심의 저작을 통칭한 것이다. 아래도 마찬가지이다.)가 수록되어 있는 것을 보면 이 책이 뒷날까지도 중시되었음을 알 수 있다. 또한 주이존朱彝尊(1629-1709)의 『경의고經義考』에 『사서장도』가 여러 명사들의 서문들과 함께 소개되어 있는 것을 보면 이 책이 후대까지 전해졌음을 알 수 있다. 하지만 현재 덕신서당본은 중국과 한국에는 남아 있지 않고 일본 국립공문서관國立公文書館과 궁내청宮內廳 서릉부書陵部에 소장되어 있으며 그와 별도로 위에 언급한 교정본이 전해지고 있다.

조선의 경우, 양촌陽村 권근權近의 제자로서 대사성을 지낸 김반金泮은 양촌의 『입학도설入學圖說』에 보설補說을 붙이면서 『사서장도』(1337년에 출간된 정복심의 전체 저작인 것으로 보인다. 아래도 동일)를 활용하였다. 그 뒤 청송聽松 성수침成守琛(1493-1564)의 제자가 어렵게 『사서장도』를 구해서 청송에게 소개하였는데 청송은 도학道學 공부를 하는 사람은 굳이 이 책에 의존할 필요가 없다고 내쳤다. 조선철학사에서 『사서장도』(『사서장도은괄총요』 3권을 의미한다. 아래도 동일)가 크게 주목받기 시작한 것은 1565년 퇴계가 이 책을 입수하면서부터이다. 자신의 사단칠정설四端七情論을 뒷받침해 줄 논거들을 찾던 퇴계는 『사서장도』에 수록된 「논심통성정도論心統性情圖」에 주목하였고, 정복심의 사람됨과 함께 『사서장도』를 높이 평가하여 출판하려고 하였다. 마침 조정에서도 이 책을 주목하여 출판하게 되었는데, 윤근수尹近壽(1537-1616)는 명明나라 학자 설선薛瑄이 『독서록讀書錄』에서 『사서장도』의 지나친 분석적 설명이나 기氣에 대한 과도한 논의를 문제 삼았던 것을 근거로 선조宣祖에게 『사서장도』를 중시하지 말도록 청하였고 고봉高峰 기대승奇大升도 같은 입장을 취하였다. 그런 탓인지 남명南冥 조식曺植의 『학기도學記圖』와 퇴계의 『성학십도聖學十圖』에 『사서장도』의 내용이 다수 수록되는 등 일시적으로 큰 주목을 받기는 하였지만 임진왜란 이후로 『사서장도』는 조선학계에서 거의 자취를 감추게 되었다. 이렇게 퇴계학의 주요한 논거가 되었던 서적이 망실됨으로써 퇴계 철학의 연원을 연구하는 데 있어서도 큰 제약이 있었다.

주자학의 발전사에서 볼 때 남송南宋 말기부터 원대元代 초기는 주자의 3전 제자나 4전 제자들이 주자의 학술에 대한 성숙한 이해를 바탕으로 체계적인 설명을 시도한 시기이다. 원대의 학술과 관련하여 그동안 흔히 정치적 영향력이나 전국적 명성과 관련하여 허형

許衡이나 오징吳澄을 주목하였지만, 실제로 주자학의 심화라는 측면에서 본다면 무원을 비롯한 신안新安 지역의 학자들에 대한 연구가 더욱 활성화될 필요가 있다. 명나라 영락永樂 연간에 편찬되어 한국과 중국의 표준 교과서가 된『사서대전四書大全』이 바로 원대 신안 지역의 학술적 성과인 예사의의『사서집석』을 저본으로 삼았다는 것이 하나의 실례이다. 그리고『사서장도은괄총요』는 성리학의 기초적인 개념과 명제에 대한 설명을 집중적으로 수록하고 있어『성리대전性理大全』에 큰 영향을 미쳤다. 이 책에 대한 번역은 주자학의 심화, 원대의 학술, 조선 초기의 학술, 퇴계학의 연원을 연구하는 데 있어 도움이 없지 않으리라고 본다.

이 책을 국내에 처음으로 소개한 것은 고려대학교 철학과의 이승환 교수이다. 일본 국립공문서관國立公文書館 도서관에서 찾아내어 사진으로 담아 온 과정에 대해서는 그의 저작『횡설과 수설』에 잘 묘사되어 있다. 번역하는 과정에서 많은 도움을 주신 이승환 선생님께 감사드린다. 이 책을 출판하는 데 도움을 준 한국연구재단과 세창출판사에게도 감사드린다.

2018년 3월 중국 江西省 南昌大學에서

전병욱 씀

---

1 유학을 교육의 주요 내용으로 삼은 학교이다.
2 강절등처는 지금의 江蘇省·浙江省·安徽省 등을 포괄하는 지역이고, 유학제거사는 지역 내 학교인 儒學을 관장하는 기구로서 바로 이해, 1308년에 설치되었다.
3 송강부는 지금의 上海 지역을 포괄하는 행정구역이고, 지사는 하급관리이다.

사서장도총목四書章圖總目

강절성의 자문江浙省咨

예부의 보고서禮部呈

상서성 예방의 보고서省禮房呈

고위관료의 서문과 시朝貴序製

범례凡例

총요상권總要上卷
67조목凡六十七條 · 그림25개圖二十有五

총요중권總要中卷
40조목凡四十條 · 그림50개圖五十

총요하권總要下卷
53조목凡五十三條 · 그림48개圖四十有八*

대학구문찬석 大學句問纂釋

경1장 전10장凡經一章傳十章 · 그림23개圖二十有三

중용구문찬석 中庸句問纂釋

33장凡三十三章 · 그림44개圖四十有四

논어주문찬석 論語注問纂釋

20편凡二十篇 · 그림395개圖三百九十有五

맹자주문찬석 孟子注問纂釋

상하14편上下凡十四篇 · 그림111개圖一百一十有一

총목 끝 總目 畢

* 여기까지가 이른바 '은괄총요檃括總要'이다. 이 번역본의 번역 범위이다. 이하의 번역은 다음을 기약한다.

일러두기

1. 번역의 저본으로는 일본 국립공문서관(National Archives of Japan)에 수록되어 있는 판본을 사용하였다.
   - 四書章圖纂釋 櫟栝總要 上中(https://www.digital.archives.go.jp/DAS/meta/listPhoto?LANG=default&BID=F1000000000000094384&ID=M2012112920034756716&TYPE=&NO=)
   - 四書章圖纂釋 櫟栝總要 下(https://www.digital.archives.go.jp/DAS/meta/listPhoto?LANG=default&BID=F1000000000000094384&ID=M2012112920042956717&TYPE=&NO=)
2. 그 외에 상기 도서관의 다음 판본을 참고하였다.
   - 四書章圖櫟栝總要 1(https://www.digital.archives.go.jp/DAS/meta/listPhoto?LANG=default&BID=F1000000000000094385&ID=M2015090311304509883&TYPE=&NO=)
   - 四書章圖櫟栝總要 2(https://www.digital.archives.go.jp/DAS/meta/listPhoto?LANG=default&BID=F1000000000000094385&ID=M2015090311305509884&TYPE=&NO=)
   - 四書章圖櫟栝總要 3(https://www.digital.archives.go.jp/DAS/meta/listPhoto?LANG=default&BID=F1000000000000094385&ID=M2015090311310409885&TYPE=&NO=)
3. 리(理) 등 일부 개념어에 대해서는 두음법칙을 적용하지 않았다.
4. 고유명사나 개념어는 필요한 경우 한글발음에 한자어를 병기하는 방식으로 파기하였다.
5. 번역본의 이미지는 1337년에 출판된 덕신서당본(일러두기 1.의 판본)을 사용하되 편집은 일본학자 野邨溫의 교정본을 근거로 조정하였다.

사서장도 은괄총요 권중

四書章圖檃括總要 卷之中

임은 정복심 자견이 바침

林隱程復心子見經進

四書章圖纂括總要卷之中

林隱　程　復心　子見　經進

○論四書之學

大學之書是一簡治國平天下腔子却將論孟六經填教實故
日致知格物以明辨之正心誠意以力行之中庸之學自誠而
明天道也聖人之道也自明而誠自強不息以體天也終日孽
孽以學聖人也具有等級不可躐等故大學爲四代知行之學
自致格正誠以造於絜矩之平經世之綱領也中庸爲三聖傳
心之學自戒懼謹獨以造於聲臭之無希天之大業也如論語
之書無所不包而所以示人者類多體驗充擴涵養之要七篇之言
無所不究而所以示人者類多體驗充擴之端操存涵養所以
制乎外也驗驗充擴所以反乎內也內外交養體用一源進修
之道於　乎得矣

사서의 학문체계를 논함
論四書之學

『大學』之書, 是一箇治國平天下腔子, 卻將『論』·『孟』·六經
塡敎實。故曰:"致知格物以明辨之, 正心誠意以篤行之。"『中
庸』之學, 自誠而明, 天道也, 聖人之道也;自明而誠, 自強不
息以體天也, 終日孳孳以學聖人也。具有等級, 不可獵等。

故『大學』爲四代知行之學, 自致格正誠, 以造於絜矩之平,
經世之綱領也;『中庸』爲三聖傳心之學, 自戒懼·謹獨, 以造
於聲臭之無, 希天之大業也。

如『論語』之書, 無所不包, 而所以示人者, 莫非操存涵養之
要;七篇之旨, 無所不究, 而所以示人者, 類多體驗充擴之端。
操存涵養, 所以制乎外也;體驗充擴, 所以反乎內也。內外交
養, 體用一源, 進修之道, 於是乎得矣。

『대학大學』은 치국·평천하의 전체적인 틀을 보여 주는 책이고,

『논어論語』·『맹자孟子』와 『육경六經』으로 그 구체적인 내용을 채운다. 그래서 "격물치지格物致知(사물의 이치를 궁극까지 연구하여 앎의 능력을 온전히 발달시킴)를 통해 명확히 이해하고, 성의정심誠意正心(생각을 성실하게 관철시키고 마음을 바르게 가짐)을 통해 철저히 실천한다."라고 말한 것이다. 『중용中庸』의 학문체계는 두 가지가 있는데, 타고난 성실함을 바탕으로 이치에 대한 밝은 인식이 자연스럽게 이루어지는 방향의 체계는 하늘의 방식이니 성인의 방식이며 ; 이치를 밝게 인식함으로써 성실함을 이루어가는 방향의 체계는 자발적인 노력을 끊임없이 지속시켜 감으로써 하늘의 방식을 구현해 가는 방식이니 종일토록 부지런히 노력하여 성인의 방식을 배워 가는 방식이다. 그 사이에는 등급의 차이가 있어서 그 차례를 건너뛰어서는 안 된다.

그래서 『대학大學』은 우虞·하夏·은殷·주周의 사대四代[1]에 관철된 인식과 실천에 대한 학문체계를 소개하고 있으니 격물치지와 성의정심으로부터 시작하여 사회 전체가 각자 공정한 삶의 터전을 갖는 태평한 세계를 이루어가는 방법에 대해서까지 논한 것이어서 세계를 경륜經綸하는 강령에 해당하고, 『중용中庸』은 요堯·순舜·우禹 세 성인이 마음으로 전수한 학문체계를 다루고 있으니 모든 순간에 늘 조심하고 두려워하는 마음을 유지하고 혼자 어떤 문제에 대한 의식을 가지는 순간에는 특히 삼가는 공부를 지속해 감으로써 소리도 없고 냄새도 없는 하늘의 경지까지 이르러 가는 방법을 논한 것이어서 하늘을 희구하는 큰 사업이다.

『논어論語』라는 책은 포괄하지 않는 것이 없지만 사람들에게 보여 주는 바는 마음을 붙잡아 간직하고 잘 기르는 방법의 요체가 아닌 것이 없고,『맹자孟子』의 내용은 다루지 않는 것이 없지만 사람들에게 보여 주는 바는 체험하고 확충하는 방법에 대한 것이 많다. 마음을 붙잡아 간직하고 잘 길러가는 것은 외형을 올바르게 제어하는 방법이고, 체험하고 확충하는 것은 내면에서 이치를 체득해 가는 방법이다. 내면과 외형이 상호보완적으로 도덕적 성숙을 이루고 본체와 작용이 통합된 체계를 이루니 덕성을 향상시키고 공업功業을 이루어 가는 이론체계가 여기서 완결된다.

論四書言心性仁義

大學言心而不言性然平治之機皆發於性之端自明而新也

中庸言性而不言心然位育之極皆發於心之實自誠而明也

論語言仁而不及義故西銘發之以理一分殊而義之界限存

孟子言仁而兼言義故圖說推之於太極陰陽而仁之本體混

是不可以不察也

사서에서 심성과 인의를 말한 것의 차이를 논함

論四書言心性仁義

『大學』言心而不言性, 然平治之極, 皆發於性之端, 自明而新也 ;『中庸』言性而不言心, 然位育之極, 皆發於心之實, 自誠而明也。『論語』言仁而不及義, 故『西銘』發之以理一分殊, 而義之界限存 ;『孟子』言仁而兼言義, 故『圖說』推之於太極、陰陽, 而仁之本體混。是不可以不察也。

『대학大學』에서는 심心만 말하고 성性을 말하지 않았지만, 나라를 다스리고 천하를 고르게 하는 극치는 모두 성性의 실마리로부터 발현되므로, 명덕明德을 밝히는 데서 시작하여 신민新民(백성을 새롭게 함)으로 발전해 가는 체계이고,『중용中庸』에서는 성性만 말하고 심心을 말하지 않았지만 천지가 제자리를 잡게 하고 만물을 기르는 극치는 모두 심心의 실제를 통해 이루어지므로, 실천의 성실함을 바

四書章圖

陳�櫟總要

탕으로 인식의 명확성을 자연히 이루어가는 체계이다. 『논어論語』에서는 인仁만 말하고 의義를 말하지 않았기 때문에 『서명西銘』에서 "이치는 하나이지만 구체적 상황 속에서는 다르게 작동한다."라는 논리로 보충하여 의義에 따른 구분이 부각될 수 있게 하였고 ; 『맹자孟子』에서는 인仁을 말하면서 의義를 함께 말하였기 때문에 『태극도설太極圖說』에서 태극太極과 음양陰陽의 관계를 설명하여 인仁의 본체本體가 통합성을 유지될 수 있게 하였다. 이 점을 살피지 않으면 안 된다.

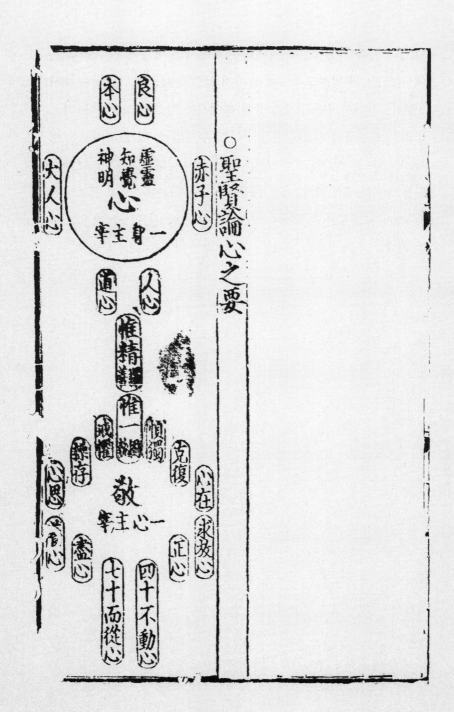

○聖賢論心之要

靈
知覺
神明 心
主宰一

良心
本心
赤子心
大人心

人心
道心

惟精

惟一

慎獨
戒懼

操存

心兢
昬心
靈心

敬 主一心

克復
仁在
求放心
正心

八十而從心
四十不動
七十而從心

28

심에 대한
성현들의 논의에 담긴 요점
聖賢論心之要

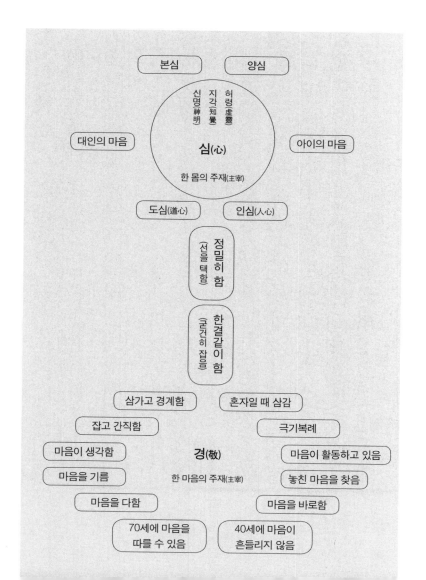

본심   양심

허령虛靈   지각知覺   신명神明

심(心)

대인의 마음   아이의 마음

한 몸의 주재(主宰)

도심(道心)   인심(人心)

정밀히 함
(선을 택함)

한결같이 함
(굳건히 잡음)

삼가고 경계함   혼자일 때 삼감

잡고 간직함   극기복례

마음이 생각함   **경(敬)**   마음이 활동하고 있음

마음을 기름   한 마음의 주재(主宰)   놓친 마음을 찾음

마음을 다함   마음을 바로함

70세에 마음을 따를 수 있음   40세에 마음이 흔들리지 않음

赤子心是人欲未泌之良心人心即資於欲者

人心是義理

具足之本心道心即發於義理二者然之人心則慕焉慾微以此是赤子心自是不能無之便易流於邪以至於不善此是赤子心之便易流

以生於形氣則皆不能無人心原於性命則所以為道心自精

一擇執以下無非所以過人欲而存天理之工夫也如欲此原於性命之一

心則富貴不能淫貧賤不能移威武不能屈可以見其道明德以至於從

義向簡於道心常為此氣質所偏本來不見了慎獨以下是過人欲處工夫必至於不動

立矣而此道心之過人欲則義向聲為律而身為度可以見

心則心即體欲即用體即道用即義則心即聽命矣而要之用工之要俱不離

不思而得不勉而中矣此是存道心聽命處

乎一然孟子心者一身之主宰而敬又一心之主宰也學者熟究

赤子心是人欲未汩之良心，人心卽覺於欲者；大人心是義理具足之本心，道心卽覺於義理者。(註：人少則慕父母, 此是赤子自然之良心。知好色則慕少女, 此是陷溺於人心。舜五十而慕, 此是不失其赤子之心, 是不離於道心。○ 又如齊宣王不忍觳觫, 自是良心, 才說以羊易之, 便容易看作人欲之心。向爲身死而不受, 此是道心, 今爲妻妾之奉爲之, 卻眞是失其本心。) 此非有兩樣心, 實以生於形氣, 則皆不能無人心, 原於性命, 則所以爲道心。

自精一擇執以下, 無非所以遏人欲而存天理之工夫也。(註：如飢欲食渴欲飲, 此生於形氣, 皆不能無人心者。至不食嗟來, 不受呼爾, 此原於性命, 所以爲道心者。若不察其偏, 不守其正, 則無義理以主之, 一向陷於人欲, 那本來義理之心, 都不見了。)

愼獨以下, 是遏人欲處工夫, 必至於不動心, 則富貴不能淫, 貧賤不能移, 威武不能屈, 可以見其道明德立矣；(註：此是遏人欲之心而道心常爲主處。) 戒懼以下, 是存天理處工夫, 必至於從心, 則心卽體欲卽用, 體卽道用卽義, 聲爲律而身爲度, 可以見不思而得, 不勉而中矣。(註：此是存道心而人心聽命處。)

要之, 用工之要, 俱不離乎一敬。蓋心者, 一身之主宰, 而敬又一心之主宰也。學者熟究於主一無適之說、整齊嚴肅之說與夫其心收斂常惺惺之說, 則其爲工夫也盡, 而優入於聖域, 亦不難矣。

'적자赤子(아이)의 마음'이란 인욕人欲에 빠지지 않은 양심良心이고

於主一無適之說較之齊莊嚴肅之說與夫其心收斂常惺惺法之

說則其為工夫也盡而優入於聖域亦不難矣

인심人心²은 바로 인욕人欲에서 이뤄진 지각知覺이다. '대인大人의 마음'이란 의리義理가 온전히 충족된 본심本心이고 도심道心은 바로 의리義理에서 이뤄진 지각知覺이다. (주註: 사람이 어려서는 부모를 사랑하는데, 이것이 적자赤子의 자연스러운 양심良心이다. 그러다 호색好色을 알게 되면 젊은 여자를 좋아하는데 이것은 인심人心에 빠진 상태이다. 순舜은 50살이 되어서도 부모를 사랑하였으니 이것이 '적자赤子의 마음'이다. 이것은 도심道心과 분리된 것이 아니다. ○ 또 제齊나라 선왕宣王은 벌벌 떨며 끌려가는 소를 차마 보지 못하였는데 이것은 양심良心이고 "양으로 바꿔라"라고 말한 순간 인욕人欲의 마음으로 보이기 쉽다. 예전에 자신이 죽더라도 의롭지 않은 재물을 받지 않은 것은 도심道心이고, 지금 처첩妻妾의 봉양을 위해 의롭지 못한 재물을 받는 것은 참으로 그 본심本心을 잃은 것이다.³⁾

이것은 두 가지 마음이 있는 것이 아니고, 사실상 지각知覺이 형기形氣에서 생길 경우 누구라도 인심人心이 없을 수 없고 지각이 성명性命에서 기원하는 경우 도심道心이 된다.⁴ 정일精一과 택집擇執 이하의 내용은 전부 인욕人欲을 막고 천리天理를 보존하는 공부에 관한 것이다. (주註: 배고프면 먹고 싶어 하고 목마르면 마시고 싶어 하는 마음은 형기形氣에서 생기는 것인데 사람이라면 모두 이런 인심人心이 없을 수 없다. 하지만 "야! 이리와!"라며 주는 밥이라면 먹지 않고 함부로 부르며 주는 재물이라면 받지 않으려고 하는 마음은 성명性命에서 기원한 것으로 도심道心에 해당하는 마음들이다. 만약 자신의 마음이 치우친 것을 살피지 못하고 바른 마음을 지키지 못하면 도덕적 판단의 기준이 될 의리義理가 존재하지 않아 줄곧 인욕人欲에 함닉된 상태가 될테니 본래의 의리義理에 맞는 마음을 더 이상 볼 수 없게 된다.)

사서장도의 팔총오

신독愼獨 이하는 인욕人欲을 막는 쪽의 공부인데 반드시 부동심不動心의 단계까지 이르러야 부귀富貴에 의해서도 마음이 방탕해지지 않고 빈천貧賤에 의해서도 마음이 동요되지 않으며 위무威武에 의해서도 마음이 굽혀지지 않게 된다. 이 경지에 이르면 도道가 환히 인식되고 덕德이 세워진 것을 볼 수 있다. (주註: 이것은 인욕人欲의 마음을 막고 도심道心이 늘 주재主宰가 되는 경지이다.) 계구戒懼 이하는 천리天理를 보존하는 쪽의 공부인데 반드시 '마음이 하고자 하는 바를 따라도 법도를 벗어나지 않는 경지'에 이르러야 마음이 본체가 되고 그 의욕이 작용이 되며 본체는 도道가 되고 작용은 의義가 되며 말소리는 가락에 맞고 몸가짐은 법도에 맞는 상태에 이르게 된다. 이런 경지에 이르면 생각하지 않아도 이해할 수 있고 힘쓰지 않아도 절도에 맞는 것을 볼 수 있다. (주註: 이것은 도심道心을 보존하여 인심人心이 그 명을 듣는 경지이다.)

요컨대 공부의 요체는 모두 '경敬'을 벗어나지 않는다. 대개 마음이란 일신의 주재主宰이고 경敬은 또 마음의 주재主宰이다. 공부하는 사람이 '하나에 집중하여 마음을 흐트러뜨리지 않음'이라는 말과 '몸가짐을 바르고 엄숙하게 가짐'이라는 말과 '이 마음을 거두어들이고 늘 깨어 있게 함'이라는 말에 대해 깊이 이해하게 되면 그의 공부는 완벽할 것이고 성인의 경지에 자연스럽게 들어가는 것도 어렵지 않을 것이다.

○論心之虛靈

朱子語錄曰虛靈自是心之本體非我心所能虛靈也耳目之
視聽所以視聽者即其心也某有形象然有耳目以視聽則猶
有形象也若心之虛靈何嘗有物切謂心之本體虛故具眾理
而仁義禮智之性無不全備寂然不動者是也心之本體故
也佛家亦多以虛靈不昧為性而不知虛所以具眾理
應萬事而惻隱羞惡辭遜是非之情隨事發見感而遂通者是
遂通之虛靈也蓋寂然之虛靈而非寂然不動感而
應萬事故其虛靈只為虛無寂滅之虛靈在耳視在目所以視聽在心故五竅言目舌
口鼻耳而不及心者由心之竅實有以接之也五辨言目耳口
鼻口體膚實理辨別辨聲音清濁辨理辨
由心之辨實有以辨之也外之視聽言動本於心之體明陰說
隨應實則未嘗有物也

심의 허령에 대해 논함
論心之虛靈

『朱子語錄』曰："虛靈自是心之本體, 非我所能虛也。耳目
之視聽所以視聽者, 卽其心也, 豈有形象? 然有耳目以視聽之,
則猶有形象也。若心之虛靈, 何嘗有物!"[5]

切謂心之本體虛, 故具衆理, 而仁義禮智之性, 無不全備。
寂然不動者, 是也。心之本體靈, 故應萬事, 而惻隱羞惡辭遜是
非之情, 隨事發見。感而遂通者, 是也。

佛家亦多以虛靈不昧爲性, 而不知虛所以具衆理、靈所以應
萬事, 故其虛靈, 只爲虛無寂滅之虛靈, 而非寂然不動感而遂
通之虛靈也。聽在耳, 視在目, 所以視聽在心, 故五竅言目舌口
鼻耳而不及心者, 由心之竅實有以接之也。五辨言目耳口鼻骨
體膚理 (註：目辨白黑美惡, 耳辨聲音清濁, 口辨酸鹹甘苦, 骨體膚理辨
寒暑與疾癢[6]) 而不及心者, 由心之辨實有以致之也。外之視聽言
動, 本於內之虛明隨感[7]隨應, 實則未嘗有物也。

『주자어록朱子語錄』에 "허령虛靈[8]은 원래 마음의 본체本體인 것이지 내가 비게[虛] 할 수 있는 것이 아니다. 귀와 눈이 사물을 보고 듣는 것은 그렇게 보고 들을 수 있게 하는 주체가 바로 그 마음이다. 어찌 형상이 있겠는가. 하지만 귀와 눈을 가지고 보고 듣는 것이니 그래도 형상이 있는 것이다. 그와는 달리 마음의 허령虛靈 자체는 무슨 형상이 있겠는가."라고 하였다.

내 개인적인 생각에, 심의 본체는 비어 있기 때문에 온갖 리理를 갖출 수 있어서 인의예지仁義禮智의 성性 중에서 갖추지 못한 것이 없다. '고요하게 움직이지 않음'[寂然不動]이 마음의 이 측면에 대한 묘사이다. 그리고 心의 본체는 영묘하기 때문에 온갖 일에 대응할 수 있고 측은惻隱·수오羞惡·사손辭遜·시비是非의 정情들이 다가오는 일에 따라 발현된다. '감지하여 반응해 나감'[感而遂通]이 마음의 이 측면에 대한 묘사이다.

불가佛家에서도 '허령불매虛靈不昧'를 성性을 묘사하는 말로 많이 사용하는데, 하지만 '비어 있음'이 온갖 리理를 갖추는 것이고 '영묘함'이 온갖 일에 대응해 가는 조건이 된다는 점을 몰랐다. 그래서 그들의 허령虛靈은 단지 허무적멸虛無寂滅(완전히 아무것도 없이 고요함)의 허령虛靈일 뿐이었지 '고요하게 움직이지 않다가 감지하여 반응해 나가는' 허령虛靈이 아니었다. 듣는 작용은 귀로 이루어지는 것이고 보는 작용은 눈으로 이루어지지만 보고 듣는 주체는 마음이다. 그래서 다섯 감각기관을 말할 때 눈, 혀, 입, 코, 귀만 말하고 마음은 포함하지 않는 이유는 마음이 그 모든 것들을 통괄하기 때문이다. 그리고 다섯 가지 감각작용을 말할 때 눈, 귀, 입, 코, 골격과 피부만 말하고 (주註: 눈은 희고 검음 내지 아름다움과 추함을 구별하고, 귀는 소리의 맑고 탁함을 구별하며, 입은 시고 짜고 달고 쓴맛을 구별하고 골격과 피부는 춥고 더움과 아프고 가려움을 구별한다.) 마음을 포함하지 않는 이유는 마음의 작용이 사실상 그런 것들을 모두 가능하게 하는 것이기 때문이다. 외부의 보고 듣고 말하고 행동하는 것은 모두 안의 허명虛明(허령과 비슷한 말이다)에 바탕을 두고 감지되는 대로 반응하는 것이므로 사실상 형체가 없는 것이다.

○論心之知覺

朱子語錄曰心之知覺乃是那氣之虛靈底視聽聰明作爲運
用皆是有這知覺方運用得這道理却謂這知覺是性之發情
之動亹發而不中節動而牽於欲却未免有又心道心之雜到
這上是簡善惡路頭不可不精擇

심의 지각에 대해 논함
論心之知覺

『朱子語錄』曰：“心之知覺，乃⁹是那氣之虛靈底。視聽聰
明¹⁰作爲運用，皆是有這知覺，方運用得這道理。”¹¹ 切謂這知覺
是性之發、情之動處。發而不中節，發而牽於欲，卻不免有人
心道心之雜。到這上，是箇善惡路頭，不可不精擇。

『주자어록朱子語錄』에 “마음의 지각知覺은 곧 저 기氣의 허령虛靈에
의해 이루어지는 것이다. 잘 보고 잘 듣는 일이나 몸의 움직임은 모
두 이 지각知覺이 있어야 가능해지는 일들이다.”라고 하였다.

　내가 생각하기에, 이 지각知覺이란 성性이 발현된 것이고 정情으
로 발동한 것이다. 발현하였는데 절도에 맞지 못하거나 발현하였
는데 인욕에 이끌려 가게 되면 인심人心과 도심道心이 뒤섞여 있는
상태를 면치 못한다. 이 선과 악의 갈림길은 정밀하게 선택하지 않
으면 안 된다.

○論心之神明

朱子語錄問心之神明妙衆理而宰萬物曰神是恁地精彩明

是恁地光明又曰心無事時都不見到得應事接物便在這裏

事了又不見恁地神出鬼没切謂心之神妙衆理而無乎不在

故恁地精彩心之明宰萬物而無所不當故恁地光明心無事

時都不見寂然不動時也到應事接物時便在這裏感而遂通

심의 신명에 대해 논함

論心之神明

『朱子語錄』: 問[12] : "心之神明, 妙衆理而宰萬物." 曰 : "神是恁地精彩, 明是恁地光明." 又曰 : "心無事時, 都不見 ; 到得應事接物, 便在這裏 ; 事[13]了, 又不見. 恁地神出鬼沒!"[14]

切謂心之神, 妙衆理而無乎不在, 故恁地精彩 ; 心之明, 宰萬物而無所不當, 故恁地光明. 心無事時, 都不見, 寂然不動時也 ; 到應事接物時, 便在這裏, 感而遂通時也.

然朱子於『大學』'明德' 上說, 則云 "人之所得乎天, 而虛靈不昧, 以具衆理而應萬事者" ; 於 '致知' 上說, 又云 "心之神明, 妙衆理而宰萬物者"[15] ; 於『孟子』「盡心」上說, 則又云 "心者, 人之神明, 所以具衆理而應萬事者." 從虛靈上說具、說應, 是心之本體, 從神明上說妙、說宰, 是心之妙用, 此自分曉. 於「盡心」上, 却又說 "心者, 人之神明, 所以具衆理而應萬事者", 有箇 '所以' 字, 便依前是說本體處. 從 '致知' 上說 '心之神明,

時也然朱子於大學明德上說則云人之所得乎天而虛靈不
昧以具眾理而應萬事者於致知上說又云心之神明妙眾理
而宰萬物者於孟子盡心上說則又云心者人之神明所以具
眾理而應萬事者從虛靈上說具說應是心之本體從神明上
說妙說宰是心之妙用此自分曉於盡心上却又說心者人之
神明所以具眾理而應萬事者有簡所以字便依前是說本體
慮從致知上說心之神明妙眾理而宰萬物正是說用慮故朱
子又說妙眾理猶能運用眾理宰是宰制它皆從知覺上說來
也大蓋具眾理應萬事是言靜之體妙眾理宰萬物是指動之用

妙衆理而宰萬物', 正是說用處, 故朱子又說 "妙衆理, 猶能運
用衆理",[16] "宰是宰制它, 皆從知覺上說來也"[17]。大蓋具衆理,
應萬事, 是言靜之體 ; 妙衆理, 宰萬物, 是指動之用。

『주자어록朱子語錄』에, "묻기를, '마음의 신명神明은 온갖 이치를 영
묘하게 발현하고 만물을 주재主宰하는 것입니까?'라고 하자 '신神이
란 정채롭다는 의미이고, 명明이란 밝다는 의미이다.'라고 대답하
였다."라고 하였고, 또 "마음은 일이 없을 때는 전혀 보이지 않지만
어떤 일이 반응하게 될 때 마음은 바로 거기에 있고 그 일이 끝나면
또 보이지 않으니 이토록 신출귀몰하다."라고 하였다.

내가 생각하기에, 마음의 '신神'이라는 속성은 온갖 이치를 영묘
하게 발현하며 존재하지 않는 곳이 없기 때문에 이처럼 정채로운
것이고 마음의 '명明'이라는 속성은 만물을 주재하여 모든 상황 속
에서 합당하게 하기 때문에 이처럼 광명한 것이다. 마음은 일이 없
을 때는 전혀 보이지 않는데 이것은 '고요하여 움직이지 않는' 때이
고, 어떤 일에 반응하게 될 때는 바로 거기에 있게 되는데 이것은
'감지하여 반응해 나가는' 때이다.

그런데 주자朱子는 『대학大學』의 '명덕明德'에 대해 설명하면서 "사
람이 하늘로부터 얻은 바로서 허령虛靈하고 어둡지 않아 온갖 리理
를 갖추고 온갖 일에 대응해가는 것이다."라고 하였고, '치지致知'에
대해서 설명하면서 또 "마음의 신명神明은 온갖 리理를 영묘하게 발
현하고 만물을 주재하는 것이다."라고 하였고, 『맹자孟子』의 '진심盡

四書章圖

纂括總要

心'을 해석하면서 또 "마음이란 사람의 신명神明으로서 온갖 리理를 갖추고 온갖 일에 대응해 갈 수 있게 하는 것이다."라고 하였다. 허령虛靈의 측면에서 말할 때는 '갖추고 있다'라느니 '대응한다'라고 말하였는데 이것은 마음의 본체本體에 해당하고, 신명神明의 측면에서 말할 때는 '영묘하게 발현한다'느니 '주재한다'라고 말하였는데 이것은 마음의 묘용妙用[18]에 해당한다. 이것은 아주 분명한 사실이다. 그런데 '진심盡心'에 대해 설명할 때는 또 "마음이란 사람의 신명神明으로서 온갖 리理를 갖추고 온갖 일에 대응해 갈 수 있게 하는 것이다."라고 설명하여 '할 수 있게 하는[所以]'이라는 표현을 썼으니 여전히 본체의 측면을 말한 것이고, 치지致知에 대해 설명하면서 "마음의 신명神明은 온갖 리理를 영묘하게 발현하고 만물을 주재하는 것이다."라고 설명하였으니 이것이 바로 작용의 측면에서 말한 것이다. 그래서 주자는 또 "'온갖 리를 영묘하게 발현한다'라는 말은 '만물을 운용運用할 수 있다'라는 말과 같다."라고 하고[19] "'주재하다[宰]'란 무엇을 재제宰制한다는 뜻이니, 모두 지각知覺의 측면에서 말한 것이다."라고 하였다.[20] 대개 '온갖 리를 갖추고 만사에 응한다'라는 말은 고요한 상태[靜]인 본체를 가리킨 것이고, '만물을 주재한다'라는 말은 움직이는 상태[動]인 작용을 가리킨 것이다.

張子
天道
性心
之全

氣躰無迹　氣化有形

此以
少有形氣
理靜兼該

天
由太虛
有是名

道
由氣化
有是名
就上造化說

性
合虛與氣
遂有是名

心
合性與知
覺有是名
就上人說

天
中涵至理
莫不載道

道
無迹理
氣動皆知

48

장횡거가 사용하는
천, 도, 성, 심의 명칭
張子天道性心之名

그 속에 지극한 리(理)를 갖추고 있다. 기(氣)의 체(體)는 흔적이 없는데

태허(太虛)로 말미암아
이 이름이 있음

도(道)를 싣지 않는 것이 없다. 기화(氣化)는 형체가 있는데

기화(氣化)로 말미암아
이 이름이 있음

여기까지는 조화(造化)의 차원에서 말한 것이다.

흔적이 없는 리를 갖추고 있다. 형체가 있는 기가

허(虛)와 기(氣)를 합하여
드디어 이 이름이 있음

기는 움직이니 리는 고요하니
눈앞에 닥친 일들에 대해 모든 것을 겸해서
모두 안다 갖추고 있으며

성(性)과 지각(知覺)이 합쳐져서
이 이름이 있음

여기까지는 사람의 차원에서 말한 것이다.

張子曰由太虛有天之名由氣化有道之名合虛與氣有

名合性與知覺有心之名此張子太和篇語詳見太虛無迹只是

無形質其中升降動靜相感遇聚結却無涯理此由太虛有天之

之名才說天便是說理朱子訓蒙句曰氣躰蒼蒼故曰天其中

有理是寫乾渾然氣理流行際萬物同根此一源語錄又曰太

虛便是太極圖上面一圈子下面氣化便是陰陽動上面太

虛是氣涵無迹之理下面氣化則理附有形之氣既成形形

而為人故莫不有當然之道如君臣有君臣之道父子有父子

之道無這君臣父子則無安頓此道理處此由氣化有道之名

也此以上乃是說造化之所以然人物之所從始者其下說性

與心却是就人上論以有形之氣具無迹之理與氣合生此

人物人物得之遂成此性此合虛與氣有性之名也故朱子訓

張子曰：“由太虛有天之名, 由氣化有道之名, 合虛與氣有性之名, 合性與知覺有心之名”(註：此張子太和篇。詳見孟子盡心章集注)

太虛無跡, 只是一氣, 而理寓焉。其爲天之形體, 不過是積氣恁地蒼蒼茫茫, 初無形質。其中升降動靜感遇聚結, 各無非理。此由太虛有天之名。才說天, 便是說理。朱子『訓蒙絶句』曰：“氣體蒼然故曰天, 其中有理是爲乾。渾然氣理流行際, 萬理同根此一源。”

『語錄』又曰：“太虛便是太極圖上面一圈子, 下面氣化便是陰靜陽動。”上面太虛是氣涵無跡之理, 下面氣化則理附有形之氣。氣旣成形, 形而爲人 故莫不有當然之道, 如君臣有君臣之道, 父子有父子之道。無這君臣父子, 則無安頓此道理處。此由氣化有道之名也。

此以上乃是說造化之所以然、人物之所從始者。其下說性與心, 卻是就人上論。以有形之氣, 具無跡之理, 理與氣合, 生此人物。人物得之, 遂成此性。此合虛與氣有性之名也。故朱子『訓蒙絶句』又曰：“謂之性者無它義, 只是蒼天命理名。論性固當惟論理, 談空求理又非眞。”

性之所有, 仁義禮智, 渾然皆理。卻不成是死定無用之物？故其氣之虛處, 有許多聰明視聽作爲運用。是爲知覺。由靜而觀, 仁義禮智具於其心, 以爲性體；由動而觀, 聰明知覺發於其心, 以爲情體。此合性與知覺有心之名也。朱子『絶句』又

蒙絕句又曰謂之性者無它義只是蒼天命理名論性回當惟

論理談空求理又非真性之所有仁義禮智渾然皆理却不成

是死定無用之物故其氣之虛處有許多聰明視聽作爲運用

是謂知覺由靜而觀仁義禮智具於其心而爲性體由動而觀

聰明知覺發於其心而爲情躰此合性與知覺有心之名也朱

子絕句又曰性外初非更有心只於理內別虛靈虛靈妙用由

斯出故主吾身統性情天也道也性也心也皆一理也其妙於

無迹者則言天其托於有形者則言道其賦予於人者則言性

其存主於人者則言心知此則張子之名義可知矣

曰 : "性外初非更有心, 只於理內別虛靈。虛靈妙用由斯出, 故
主吾身統性情。"

　天也、道也、性也、心也, 皆一理也。其妙於無跡者, 則言
天 ; 其托於有形者, 則言道 ; 其賦予於人者, 則言性 ; 其存主
於人者, 則言心。知此則張子之名義可知矣。

　장횡거張橫渠(1020-1077, 이름은 재載, 자는 자후子厚)는 "태허太虛로
말미암아 천天이라는 이름이 있는 것이고, 기화氣化(기의 변화)로 말
미암아 도道라는 이름이 있는 것이며, 허虛과 기氣를 합하여 성性이
라는 이름이 있는 것이고, 성性과 지각知覺을 합하여 심心이라는 이
름이 있는 것이다."라고 하였다. (주註: 이것은 장횡거의 「태화편太和篇」
에 있는 내용이며,『맹자집주孟子集注』「진심盡心」장章에 자세히 나온다.)

　태허太虛는 종적이 없고 하나의 기氣일 뿐인데 거기에 리理가 깃
들어 있다. 그것이 하늘의 형체를 이루게 되는 것은 기氣가 누적되
어 그와 같이 창창하고 망망한 것일 뿐이지 애초에 아무런 형질이
없다. 그 속에서 오르고 내리며 움직이고 멈추며 계기를 감지하여
응취하는 모든 것들은 각각 리理가 아닌 것이 없다. 이것이 바로 태
허太虛로 말미암아 천天이라는 이름이 있다고 말한 까닭인데, 천天
이라고 하였으면 그것은 리理를 말한 것이다. 주자朱子의『훈몽절구
訓蒙絶句』에, "기체氣體(기氣라는 존재)는 창창하기 때문에 천天이라고
하고, 그 속에 리理가 있는데 이것이 건乾이다. 리理와 기氣가 혼연
일체가 되어 유행流行하니 온갖 리理는 다 같이 이 하나의 근원으로

부터 뻗어 나온 것이다."라고 하였다.

『주자어록朱子語錄』에 또 "태허太虛는 바로 『태극도太極圖』의 위쪽한 권圈[21]이고 아래의 기화氣化는 바로 '음陰은 움직이고, 양陽은 고요하다'라고 된 부분[22]에 해당한다."라고 하였다.[23] 위쪽의 태허太虛는 기氣가 종적이 없는 리理를 포함하고 있는 것이고, 아래의 기화氣化는 리理가 유형의 기氣에 내재되어 있는 것이다. 기氣가 이미 형체를 이루면 그렇게 형체를 이룬 것은 사람이 되므로 그들에게는 모두 당위의 도리들이 없을 수 없다. 예를 들어 군신君臣 사이에는 군신의 도리가 있고, 부자父子 사이에는 부자의 도리가 있다. 이 군신君臣과 부자父子라는 관계가 없다면 이 도리가 놓일 곳이 없다. 이것이 기화氣化로 말미암아 도道라는 이름이 있다고 말한 까닭이다. 여기까지는 조화造化의 원리와 인물人物의 기원에 대해 말한 것이다.

그 아래는 성性과 심心을 말하였는데 이것은 사람을 대상으로 논한 것이다. 형체가 있는 기氣로서 종적이 없는 리理를 갖추게 되면 리理가 기氣와 합하여 이 '사람과 그 밖의 만물들'이 생성되니 사람을 비롯한 만물들이 그것[리理]을 얻어서 드디어 이 성性을 이루게 된다. 이것이 허虛와 기氣가 합하여 성性이라는 이름이 있게 된다고 말한 까닭이다. 그래서 주자朱子의 『훈몽절구訓蒙絶句』에는 또 "성性이라고 부르는 것은 다른 뜻이 있는 것이 아니고 단지 창천蒼天이 부여한 리理에 대한 이름이다. 성性을 논할 때는 마땅히 리理만을 논해야 하니, 공허를 말하면서 그 속에서 리理를 구하는 것은 또 참된 것이 아니다."라고 하였다.

성性은 인의예지仁義禮智로 구성되어 있으며 혼연히 전부 리理인데 설마 하나로 고착되어 작용이 없는 것이겠는가. 그러므로 그 기氣의 '비어 있음'에는 숱한 잘 보고 듣는 일이나 여러 가지 몸의 움직임이 들어 있는데 이것이 지각知覺이다. 정靜의 측면에서 보자면 인의예지仁義禮智는 그 심心에 갖추어져서 성체性體[24]가 되고, 동動의 측면에서 보면 총명지각聰明知覺(잘 듣고 보는 것이나 지각활동)이 심心에서 발현되어 정체情體[25]가 된다. 이것이 성性과 지각知覺을 합하여 심心의 이름이 있다고 말한 까닭이다. 주자의 『훈몽절구』에 또 "성性의 외부에 애초에 또 다른 심心이 있는 것이 아니다. 단지 리理에서 허령虛靈 부분을 구분해 낸 것일 뿐이다. 허령虛靈의 영묘한 작용이 이로부터 나오기 때문에 (이 심이) 우리 몸을 주재하고 성性과 정情을 통괄하는 것이다."라고 하였다.

천天이니, 도道니, 성性이니, 심心이니 하는 것은 모두 하나의 리理이다. 종적이 없는 것 속에서 영묘함을 가지고 있는 것을 천天이라고 하고, 형체가 있는 것에 의탁하고 있는 것을 도道라고 하고, 사람에게 부여된 것을 성性이라고 하고, 사람 안에 존재하여 주재하는 것을 심心이라고 한다. 이것을 안다면 장횡거가 사용하는 명칭의 의미를 알 수 있다.

○又張子天道性心之說

張子所謂云云者自然之理素雜於氣故由太虛有天之名也

陰陽迭運天理流行故曰氣化有道之名也太虛理也非氣無

所麗陰陽氣也非理無所本合虛與氣而後有性之名蓋天之

장횡거의 천, 도, 성, 심에 대한 또 하나의 이론

又張子天道性心之說

張子所謂云云者, 自然之理, 未雜於氣, 故由太虛有天之名也。陰陽迭運, 天理流行, 故由氣化有道之名也。太虛理也, 非氣無所麗;陰陽氣也, 非理無所本。合虛與氣而後有性之名。蓋天之所賦, 人之所受, 皆氣以成形, 而理亦賦焉者也。猶周子所謂無極之眞、二五之精妙合而凝也。性純乎理, 知覺雜於氣。純乎理, 則仁義禮智之粹然;雜於氣, 則知覺運動之蠢然。合理與氣而有心之名, 所以當養天理之正而察人欲之幾也。

程子曰:"心一也。有[26]指體而言者, 寂然不動, 是也;有指用而言者, 感而遂通天下之故, 是也。" 朱子曰:"性者心之體, 情者心之用。心者性情之主。" 又曰:"孟子言仁心義心, 是心之統乎性也。又曰惻隱之心, 羞惡之心, 是心之統乎情也。張子所謂心統性情, 是也。"

切謂兼理氣而言心, 則純粹之中, 不可不矯其揉雜之氣;統

所賦人之所受皆氣以成形而理亦賦焉者也猶周子所謂
無極之真二五之精妙合而凝也性統乎理知覺雜於氣純
乎理則仁義禮智之粹然雜於氣則知覺運動之蠢然合理
與氣而有心之名所以當養天理之正而察人欲之幾也程
子曰心有疑指體而言者寂然不動是也有指用而言者感
而遂通天下之故是也朱子曰性者心之體情者心之用心
者性情之主又曰孟子言仁義心是心之統乎性者也又曰
惻隱之心羞惡之心是心之統乎情也張子所謂心統性情
是也切謂兼理氣以言心則純粹之中不可不矯其操雜之
氣統性情以言心則定靜之中不可不謹其發動之情然四
端理之發則體用之相貫七情氣之發則善惡之相反不可
不審也

性情而言心, 則定靜之中, 不可不謹其發動之情。然 "四端理
之發", 則體用之相貫 ; "七情氣之發", 則善惡之相反。不可不
審也。

장횡거가 그렇게 말한 이유는, 자연自然의 리理는 아직 기氣에 섞
여 있지 않기 때문에 태허太虛로 말미암아 천天이라는 이름이 있다
고 한 것이고 ; 음양陰陽이 번갈아 운행하는 속에 천리天理가 유행流
行하기 때문에 기화氣化(기의 흐름)로 말미암아 도道의 이름이 있다고
하는 것이며 ; 태허太虛는 리理여서 기氣가 아니고서는 붙어 있을 곳
이 없고, 음양陰陽은 기氣여서 리理가 없으면 근본이 될 것이 없기 때
문에 '허虛와 기氣를 합한 뒤에 성性이라는 이름이 있다'고 하는 것
이고 ; 하늘이 부여한 것이고 사람이 받은 것은 모두 '기氣로 형체를
이루고 리理도 거기에 부여되어 있는 것'이어서 마치 주렴계가 말한
'무극無極의 참됨과 음양·오행의 정수가 묘하게 합하여서는 응결되
었다'라고 한 것과 같고, 성性은 순수하게 리理이고 지각知覺은 기氣
가 섞여 있는데 순수하게 리理인 것은 인의예지仁義禮智의 순수한 모
습이고 기氣와 섞여 있는 것은 지각운동知覺運動의 꿈틀대는 모습이
므로 '리理와 기氣를 합하여 心이라는 이름이 있다'[27]고 한 것이다.
바로 이런 이유로 천리天理의 올바른 모습을 잘 기르고 인욕人欲으
로 인한 갈림길을 잘 살펴야 한다.

정자程子는 "심心은 하나인데, 본체를 가리켜 말하는 경우가 있으
니 '고요히 움직이지 않음'이 이것이고, 작용을 가리켜 말하는 경우

사서장도

은팔찌

가 있으니 '감지하여 천하의 일에 반응해 나감'이 이것이다."라고 하였고, 주자朱子는 "성性은 심心의 체體이고 정情은 심의 용用이며, 심은 성과 정의 주재主宰이다."라고 하였으며 또 "맹자孟子는 '어진 마음[仁心]'이니[28] '의로운 마음[義心]'이라는 표현을 썼으니[29] 이것은 심이 성性을 통괄하는 것을 보여 주는 사례이고, 또 '측은지심惻隱之心'이니 '수오지심羞惡之心'이라는 표현을 썼으니 이것은 심이 정情을 통괄하는 것을 보여 주는 사례이다. 장횡거의 이른바 '심이 성과 정을 통괄한다[心統性情]'라는 말은 이것을 말한 것이다."라고 하였다.

내가 생각하기에, 리理와 기氣를 겸하여 심心을 말할 때는 순수한 가운데서도 그 섞여 있는 기氣를 바로잡지 않을 수 없고, 성性과 정情을 통괄하여 심을 말할 때는 안정되고 고요한 가운데서도 발동하는 정情에 대해 삼가지 않을 수 없다. 그러나 "사단四端은 리理가 발發한 것이다"라는 말은 체體와 용用이 서로 관류한다는 맥락에서 한 말이고, "칠정七情은 기氣가 발한 것이다."라는 말은 선과 악이 서로 대립한다는 점에서 한 말이니 이 점을 살피지 않으면 안 된다.

孔子謂性相近告子
謂生之謂性程子謂
才有善不善氣質之
性所禀之性皆氣質
之性也學者求反之

人禀

性

此則謂之
氣質之性

右所論天地氣質之性如天命之謂性性即是理此原有生
之初渾然一本之性無有不同者物所受爲性性托於氣故
有旣生之後散在萬類之性多有不同者無不同者純乎理故
名天地之性有不同雜於氣故名氣質之性然非天地之性
自是一性而氣質之性又自一性也天地之性實不離乎氣
質之中所以張子曰形而後有氣質之性善反之則天地之
性存焉爲善反之而天地之性存此性之所以相近也不善者
反是此習愈相遠也天前面孔孟及告子程子所說分明自定
明白

천지지성과 기질지성
天地氣質之性

맹자(孟子)는 "성은 선하다"라고 하고, "재(才)[30]는 선을 행할 수 있다"라고 하였고, 정자(程子)는 "성의 근본이다"라고 하고, "궁극적인 본원인 성이다"라고 하고, "만물의 한 근원이다"라고 하였는데, 이는 모두 천지지성이다. 성인인 사람은 본성을 원래 체현하고 있다.

공자(孔子)는 "성은 서로 가깝다"라고 하고, 고자(告子)는 "생명 자체가 성이다"라고 하였고, 정자(程子)는 "재(才)[31]는 선한 것도 있고, 선하지 않은 것도 있다"라고 하였고, '기질지성(氣質之性)'과 '품부 받은 성(性)'에 대해 말하였는데, 이는 모두 기질지성(氣質之性)을 가리킨다. 배우는 이들은 본성을 회복하려고 노력한다.

學者求化其所以爲氣質有而善復其所以爲天地者則由於

動心忍性之功氣質之性以進於存心養性之地

此性字異 天地之性

其果不善乎

右所論天地、氣質之性。如天命之謂性, 性卽是理。此原有
生之初, 渾然一本之性, 無有不同者 ; 物所受爲性, 物托於氣,
故有旣生之後散在萬類之性, 多有不同者。

無不同, 純乎理, 故名天地之性 ; 有不同, 雜於氣, 故名氣質
之性。然非天地之性自是一性, 而氣質之性又自一性也。

天地之性, 實不離乎氣質之中, 所以張子曰"形而後有氣質
之性。善反之, 則天地之性存焉。" 善反之而天地之性存, 此性
之所以相近也。不善者反是, 此習愈相遠也。(註 : 前面孔、孟及告
子、程子所說, 分明自定天地、氣質之性了, 卻得張子說出明白。) 學者求
化其所以爲氣質者, 而善復其所以爲天地者, 則由於動心忍性
之功, (註 : 此性字是氣質之性) 以進於存心養性之地。(註 : 此性字
是天地之性) 性其果不善乎!

위에서 논한 것은 천지지성天地之性[32]과 기질지성氣質之性[33]이다. 예
컨대 '하늘이 명한 것을 일러 성性이라고 한다.'라고 할 때의 성性은
곧 리理이다. 이것은 처음 생성될 때 혼연히 하나의 근본인 성性으
로서, 어떤 것도 동일하지 않은 것이 없다. 만물이 부여 받은 것이
성性인데 만물은 기氣에 의탁해 있기 때문에 만물이 생성된 뒤 만물
에 산재되어 있는 성性이 있는 것인데 이 성은 동일하지 않은 점이
많다. 동일하지 않은 것이 없고 전히 리理이기 때문에 천지지성天地
之性이라고 부르는 것이고, 다른 점이 있고 기氣에 섞여 있기 때문에
기질지성氣質之性이라고 부르는 것이다. 하지만 천지지성이 따로 하

四書章圖

纂栝總要

나의 성性이고 기질지성이 따로 하나의 성인 것은 아니다.

천지지성은 사실상 기질氣質 속으로부터 떨어져 있는 것이 아니기 때문에 장횡거는 "형체가 생긴 뒤에 기질지성이 있는 것이니 잘 돌이키면 천지지성이 거기에 존재한다."라고 말하였던 것이다.[34] 잘 돌이키면 천지지성이 거기에 존재하니, 이것이 모든 사람들의 성이 서로 가까운 이유이다. 잘 돌이키지 못하는 사람은 이와 반대이니 이것이 습관에 의해서 사람들의 성이 갈수록 서로 멀어지는 이유이다. (주註: 앞에서 공자와 맹자[35] 및 고자告子와 정자程子[36]가 말한 내용들은 분명하게 천지지성과 기질지성에 대해 규정해 놓기는 하였지만, 장횡거에 이르러 명백하게 말한 것이다.) 공부하는 사람은 기질氣質을 변화시키려고 노력하는 자이고, 천지지성을 잘 회복할 수 있게 된다면 그것은 마음과 성性을 단련시키는 노력을 통해서 (주註: 여기서의 '성性'자는 기질지성이다.) 마음을 간직하고 성性을 기르는 경지에 이른 것이다. (주註: 여기서의 '성性'자는 천지지성이다.) 성性이 과연 선하지 않은 것이겠는가!

○又天地氣質之說

天地之性，天之所與我以生者；氣質之性，生而為氣所拘者。歷考經傳之中，所以言性者多矣。自張子之有是言也，而後性之說始定。夫子曰：性相近也，習相遠也。此以氣質之性言也。夫子不能不言之者，論性不論氣不備故也。此孟子曰性無有不善，此以天地之性言也。孟子所以極言之者，論氣不論性不明故也。形而後有氣質之性者，性不自立，依氣而形，形既生矣，氣或拘之，故得其氣之（正且明者，性亦隨之而正與明；得其氣之偏且昏者，性亦隨之而偏與昏。此所以為氣質之性也。）然氣質之性，實天地之性而氣之偏正昏明者，不能不間之耳。非又別有一

천지지성과 기질지성에 대한 또 하나의 설명

又天地氣質之說

天地之性, 天地所與我以生者 ; 氣質之性, 生而爲氣所拘者. 歷考經傳之中所以言性者多矣, 自張子之有是言也, 而後性之說始定. 夫子曰 : "性相近也, 習相遠也." 此以氣質之性言也. 夫子不能不言之者, 論性, 不論氣, 不備故也. 孟子曰 : "性無有不善." 此以天地之性言也. 孟子所以極言之者, 論氣, 不論性, 不明故也. 形而後有氣質之性者, 性不自立, 依氣而形, 形旣生矣, 氣或拘之. 故得其氣之正且明者, 性亦隨之而正與明 ; 得其氣之偏且昏者, 性亦隨之以偏與昏. 此所以爲氣質之性也. 然氣質之性, 實天地之性, 而氣之偏正昏明者, 不能不間之耳, 非又別有一性也. 苟能學以知之, 則偏者可正, 昏者可明, 未有不復吾天地之性者. 所謂善反之而天地之性存焉, 是也.

夫旣有是性, 則有是情. 子思『中庸』曰 : "喜怒哀樂之未發,

性也苟能學以知之則偏者可正昏者可明未有不復吾天地
之性者所謂善反之而天地之性存焉是也夫既有是性則有
是情子思中庸曰喜怒哀樂未發謂之中發而中節謂之和中
也者天下之大本和也者天下之達道此論情之發於天地之
性者也程子曰其本也真而靜其未發也五性具焉曰
形既生矣外物觸其形而動於中矣其中動而七情出焉情既
熾而益蕩其性鑿矣此論情之接於氣質之性者也至論其才
則亦有不同者孟子曰人皆可以為堯舜又曰求則得之舍則
失之或相倍徙而無算者不能盡其才者也此論才之本於天
地之性者也程子曰才本於氣氣有清濁稟其清者為賢稟其
濁者為愚此論才之性者也又孟子於問性而皆曰善者也又曰
乃若其情則可以為善矣乃所謂善也又曰若夫為不善非才
之罪也論者或曰情不無善惡才固有賢愚也孟子之言不幾

謂之中；發而皆中節，謂之和。中也者，天下之大本；和也者，天下之達道。"此論情之發於天地之性者也。

程子曰："其本也，眞而靜，其未發也，五性具焉 (註：此自是本然天地之性)，曰仁義禮智信；形旣生矣，外物觸其形而動於中矣，其中動而七情出焉，曰喜怒哀樂愛惡欲。情旣熾而益蕩，其性鑿矣。"此論情之接於氣質之性者也。

至論其才則亦有不同者。孟子曰："人皆可以爲堯舜。"又曰："求則得之，舍則失之，或相倍蓰而無算者，不能盡其才者也。"此論才之本於天地之性者也。程子曰："才本於氣，氣有淸濁。稟其淸者爲賢，稟其濁者爲愚。"此論才之出於氣質之性者也。

孟子於問性而答曰："乃若其情則可以爲善矣。乃所謂善也。"又曰："若夫爲不善，非才之罪也。"論者或曰："情不無善惡，才固有賢愚也。孟子之言，不幾戾乎？"噫，此所以必原張子天地之性，而後可以明孟子之情之才之善也。況告子之謂性，無非以其稟於氣者而言，孟子析而辨之，則無非以其命於天者爲說。是以於情於才雖或言之少異。而其本未嘗不同也。

故嘗論之，情不離性，動而後見；才不離性，用而後知。仁之性具矣，動之則爲惻隱之情，用之則親親、仁民皆其才也；義之性具矣，動之則爲羞惡之情，用之則事君、敬長皆其才也。此所以其情可以爲善也。此所以爲不善非才之罪也。

雖然，情者性之動，然必有形生焉，而後動可見也；才者性矣乎噫此所以必原張子天地之性而後可以明孟子之情之才之善也況告子之謂性無非以其稟於氣者而言孟子析而辨之則無非以其命於天者為說是必於情於才難或言之少異而其本未嘗不同也故善論之情不離性動而後見才不離性用而後知仁之性具矣動之則為惻隱之情用之則親親仁民皆其才也義之性具矣動之則為羞惡之情用之則事君敬長皆其才也此所以其情可以為善也此所以為不善非才之罪也雖然必有氣之動然必有形生焉而後情可見也才之用然必有氣惜者性而後用可知也情則桔於形則情或有不善者矣拘於氣則有不善者矣然則孟子程子之言果有異乎學者不以氣質之性終或不善自有而必加省察矯揉之功又不以天地之性本無疑而益致勉修克治之力若然則戒謹恐懼以至於必慎其獨而吾所謂省察矯揉之功至矣擇善固執以至於弗得弗措而吾所謂勉修克治之力果盡矣中庸之所謂率張子之所謂善反不在茲乎

之用, 然必有氣合焉, 而後用可知也。梏於形, 則情或有不善
者矣; 拘於氣, 則才或有不善者矣。然則孟子、程子之言, 果
有異乎?

學者不以天地之性本無不善自有, 而必加省察矯揉之功;
又不以氣質之性終或不善自疑, 而益致勉修克治之力。若然則
戒謹恐懼以至於必愼其獨, 而吾所謂省察、矯揉之功, 果至矣。
擇善、固執以至於不得不措, 而吾所謂勉修、克治之力, 果盡
矣。『中庸』之所謂率, 張子之所謂善反, 不在玆乎?

　천지지성天地之性은 천지가 나에게 주어서 그로 인해 내가 태어
나게 된 바로 그것이고, 기질지성氣質之性은 태어난 뒤에 기질氣質에
얽매이면서 나타난 것이다. 두루 살펴보면 경전經傳에서 성性을 언
급한 사례가 많지만 장횡거가 이 말을 한 뒤에 성性에 대한 이론이
비로소 확정되었다. 부자夫子(공자)는 "성性은 서로 가까운데 습관
에 의해 멀어진다."라고 하였다. 이것은 기질지성氣質之性으로 말한
것이다. 공자가 그것을 말하지 않을 수 없었던 이유는 '성性을 논하
면서 기氣를 논하지 않으면 완전하지가 않기' 때문이다. 맹자孟子는
"성性에는 선하지 않은 것이 없다."라고 하였는데 이것은 천지지성
天地之性으로 말한 것이다. 맹자가 그렇게 궁극적 본질을 말한 이유
는 '기氣를 논하고 성性을 논하지 않으면 명확해지지 않기' 때문이
다. 형체가 생긴 뒤에 기질지성이 있는 것인데, 성性은 홀로 서지
못하고 기氣에 의지해서 드러나며 형체가 이미 생기면 기氣가 더러

얽어맨다. 그러므로 그 기氣의 바르고 밝은 것을 얻은 개체는 성性도 따라서 바르고 밝게 되고, 그 기의 치우치고 어두운 것을 얻은 개체는 성性도 따라서 편벽되고 어둡게 된다. 이것이 기질지성이 있게 되는 이유이다. 그렇지만 기질지성은 사실상 천지지성이다. 기가 치우치냐 바르냐, 어두우냐 밝으냐에 영향을 받지 않을 수 없는 것일 뿐이지 별도로 하나의 성性이 있는 것은 아니다. 만일 배워서 알 수 있게 되면[37] 치우친 것은 바르게 되고 어두운 것은 밝게 될 수 있어서 나의 천지지성을 회복하지 못하는 이가 없다. 이른바 잘 돌이키면 천지지성이 거기에 있다는 설명이 이것을 말해주고 있다.

이미 이 성性이 있으면 자연히 이 정情이 있게 된다. 자사子思의 『중용中庸』에는 "희로애락喜怒哀樂이 피어나지 않은 상태를 중中이라고 하고, 피어나 모두 절도에 맞는 것을 화和라고 한다. 중中이란 천하의 큰 근본이고, 화和란 천하의 보편적인 길이다."라고 하였다. 이것은 정情이 천지지성으로부터 피어난 것을 말한 것이다.

정자程子는 "그 근본은 참되고 고요하며 그것이 피어나기 전에는 오성五性이 갖추어져 있으니 (주註: 이것은 당연히 본연의 천지지성이다.) 그 내용은 '인의예지신仁義禮智信'이고, 형체가 생긴 뒤에 외물外物이 그 형체에 자극을 주게 되면 안에서 반응이 일어나는데 그 안이 움직이면서 칠정七情이 나오니 그 내용은 기쁨·노여움·슬픔·즐거움·사랑함·미워함·욕구함이다. 정情이 이미 세차게 불타올라 더욱 거세지면 그 성性이 손상을 당하게 된다."라고 하였는데,[38] 이것은 정情이 기질지성으로부터 피어난 것을 말한 것이다.

그 '재才'에 대해서 논한 부분도 차이점이 있다. 맹자는 "사람은 모두 요순堯舜이 될 수 있다."라고 하였고,[39] 또 "구하면 얻고 놓으면 잃게 되어 더러 갑절이나 다섯 배의 차이가 나기도 하고 계산할 수 없이 차이가 나기도 하는 것은 그 재才를 온전히 발휘하지 못한 경우이다."라고 하였는데,[40] 이것은 천지지성에 근본을 둔 재才를 말한 것이다. 정자程子는 "재才는 기氣에 근본을 두고 있으니 기氣에 맑고 흐린 것이 있어서 맑은 것을 품부받은 이는 현능한 사람이 되고 탁한 것을 품부받은 이는 어리석은 사람이 된다."라고 하였는데,[41] 이것은 기질지성에서 나온 재才에 대해 말한 것이다.

맹자는 성性에 대한 질문에 대해 "그 정情은 선을 행할 수 있다. 그것이 내가 선하다고 하는 이유이다."라고 하였고[42] 또 "불선한 짓을 하는 경우라도 재才의 죄는 아니라고 하였다."[43] 논자들 중에는 더러 "정情에는 선과 악이 없을 수 없고 재才에는 현능한 이와 어리석은 이가 있으니, 맹자의 말은 틀린 것인가?"라고 말하는 이가 있다.

아, 이것을 통해 알 수 있듯이 반드시 장횡거의 천지지성 이론까지 거슬러 올라간 뒤에야 맹자가 정情이나 재才를 선하다고 한 의미를 밝힐 수 있다. 더구나 고자告子가 성性에 대해 논한 것은 기氣로부터 품부받은 것을 근거로 말하지 않은 경우가 없고, 맹자가 그에 대해 분석하여 비판한 논리는 하늘로부터 명령받은 것을 근거로 말하지 않은 경우가 없었다. 그래서 정情에 대해서나 재才에 대해서 비록 더러 말하는 것이 조금 다르기는 하지만 그 근본은 다른 적이 없었다.

그래서 이렇게 정리해 보았다. 정情은 성性에서 떨어져 있다지 않지만 움직인 뒤에 드러나고, 재才는 성性에서 떨어져 있다지 않지만 작용한 뒤에 알 수 있다. 인仁의 성性이 갖추어져 있기에 움직이면 측은惻隱의 정情이 되고, 작용하면 부모를 사랑하고 백성을 사랑하게 되는 것은 모두 그 재才이다. 의義의 성性이 갖추어져 있기에 움직이면 수오羞惡의 정이 되고, 작용하면 임금을 섬기고 어른을 공경하게 되는 것은 모두 그 재才이다. 이것이 바로 그 정情의 측면에서는 사람이 선을 행할 수 있는 까닭이며, 이것이 바로 불선한 짓을 하게 될 경우 그것은 재才의 죄는 아닌 까닭이다.

비록 그렇다고 해도, 정情은 성性이 움직인 것이지만 반드시 형체가 생긴 뒤에 그 움직임을 볼 수 있는 것이고, 재才는 성性의 작용이지만 반드시 기氣가 거기에 합해진 뒤에 그 작용을 알 수 있는 것이다. 그런데 형체 안에 묶여 있기에 정情에는 더러 불선한 것이 있게 되고 기에 얽매여 있기에 재才에는 더러 불선한 것이 있게 된다. 그렇다면 맹자와 정자程子의 말이 과연 다르다고 할 수 있을까?

배우는 사람은 천지지성에 불선이 없다는 사실만으로 자족하지 말고 반드시 성찰하고 바로잡는 노력을 발휘해야 하고, 또 기질지성이 결국은 불선하기도 하다는 사실 때문에 회의를 품지 말고 부지런히 수양하고 극복해 가는 힘을 더욱 강력히 기울여 가야 한다. 만일 그렇게 할 수 있으면 평상시의 끊임없이 조심하고 두려워하는 공부로부터 '내 의식만이 인지하는 순간의 삼가는 공부'에 이르기까지 나의 이른바 성찰하고 바로잡는 공부가 과연 지극한 단계에 이르게 될 것이고, 선을 택하여 굳게 지키는 공부로부터 '체득하지 못하면 놓지 않는' 공부에 이르기까지 나의 이른바 부지런히 수양

하고 극복해 가는 노력이 과연 극진해질 것이다. 『중용中庸』의 이른
바 '따른다'[率]라는 말⁴⁴이나 장횡거의 이른바 '잘 되돌린다'라는 말
의 의미가 여기에 있지 않겠는가.

寂然不動為性　　　　未發之性　　　　　已發之情

心
統性
統情

禀木之秀　其愛之理　惻隱之心　仁之端
禀火之秀　其敬之理　辭遜之心　禮之端
禀金之秀　其宜之理　羞惡之心　義之端
禀水之秀　其別之理　是非之心　知之端
禀土之秀　其實之理　誠實之心　信之端

為心之體　　　　　　為心之用

感而遂通為情

所謂心統性情者言人禀五行之秀以生於其秀而五性具焉於
其動而七情出焉凡所以統會其性情者則心也故其心寂然不
動為性之體也感而遂通為情心之用也張子曰心統性情斯
言當矣心統性故仁義禮智為性而又有言仁義之心者心統情
故惻隱羞惡辭讓是非為情而又有言惻隱之心羞惡辭讓是非
之心若心不統性則無以致其中節之和而情易漂學者知此必先正其心必養其
無以致其中節之和而未發之中而性易鑿心不統情則
而約其情則學之為道得矣

심통성정에 대해 논함

論心統性情

심(心)

정(情)을 통괄함 　 성(性)을 통괄함

감지하여 드디어 움직이는 것은 정(情)이다.

고요히 움직이지 않는 것은 성(性)이고,

미발(未發)의 성(性)이니　이발(已發)의 정(情)이니

목(木)의 빼어난 것을 품부받아 갖추었다.　사랑의 리(理)를 측은히 여기는 마음은 인(仁)의 실마리이다.

화(火)의 빼어난 것을 품부받아 갖추었다.　공경의 리(理)를 공손한 마음은 예(禮)의 실마리이다.

금(金)의 빼어난 것을 품부받아 갖추었다.　마땅함의 리(理)를 부끄러워하거나 미워하는 마음은 의(義)의 실마리이다.

수(水)의 빼어난 것을 품부받아 갖추었다.　구별의 리(理)를 옳고 그름을 가리는 마음은 지(智)의 실마리이다.

토(土)의 빼어난 것을 품부받아 갖추었다.　성실의 리(理)를 성실한 마음은 신(信)의 실마리이다.

심의 체(體)이다.　심의 용(用)이다.

所謂心統性情者, 言人稟五行之秀以生, 於其秀而五性具
焉, 於其動而七情出焉, 凡所以統會其性情者則心也。故其心
寂然不動爲性, 心之體也; 感而遂通爲情, 心之用也。張子曰
"心統性情", 斯言當矣, 心統性, 故仁義禮智爲性, 而又有言仁
義之心者; 心統情, 故惻隱、羞惡、辭讓、是非爲情, 而又有言
惻隱之心、羞惡辭讓、是非之心者。心不統性, 則無以致其未
發之中, 而性易鑿; 心不統情, 則無以致其中節之和, 而情易
蕩。學者知此, 必先正其心, 以養其性, 而約其情, 則學之爲道
得矣。

이른바 '심이 성과 정을 통괄한다'[心統性情]라는 말은, 사람이 오행
五行의 빼어난 것을 얻어 태어나는데 그 빼어난 것 속에 오성五性이
갖추어져 있고 그것이 움직일 때 칠정七情이 나오는데, 이 성과 정
을 통괄하는 것은 심이라는 의미이다. 그러므로 그 마음의 '고요히
움직이지 않는 상태'는 성性과 관련된 것이고 심의 체體이며, '감지
하여 반응해 나감'은 정情과 관련된 것이고 심의 용用이다. 장횡거
는 "심이 성과 정을 통괄한다"라고 하였는데 이 말이 적절하다. 심
心(마음)이 성을 통괄하고 있기 때문에 인의예지는 성인데도 또 '인
의의 마음仁義之心'이라는 표현이 있는 것이고, 심이 정을 통괄하고
있기 때문에 측은惻隱·수오羞惡·사양辭讓·시비是非는 정인데도 또
'측은惻隱의 마음, 수오羞惡의 마음, 사양辭讓의 마음, 시비是非의 마
음'이라고 말하는 경우가 있는 것이다. 심이 성을 통괄하지 못하면

미발未發[45]의 중中을 온전히 이룰 수 없어 성性이 쉽게 손상되고, 심이 정을 통괄하지 못하면 절도에 맞는 화和를 온전히 이룰 수가 없어 정情이 쉽게 거세진다. 배우는 사람이 이것을 알면 반드시 그 심을 바로잡아서 그 성을 기르고 그 정을 검속해야 하니, 그렇게 하면 학문의 길이 완성된다.

局於氣稟

肝之神　有仁之理
肺之神　有義之理
心之神　有礼之理
腎之神　有知之理
脾之神　有信之理

五臟各備一理　各得其偏

本於虛明

一心自備五性　獨得其全

惻隱心　為仁之端
羞惡心　為義之端
辭遜心　為礼之端
是非心　為知之端
誠實心　為信之端

五臟習於氣，氣以類配形，故木之氣為肝之神，有仁之理；金之氣為肺之神，有義之理；火之氣為心之神，有礼之理；水之氣為腎之神，有知之理；土之氣為脾之神，有信之理。此五臟所以各具一偏之理也。

五性具於心，心以虛靈貫攝，故具仁之性而成惻隱之心，具義之性而成羞惡之心，具禮之性而成辭遜之心，具知之性而成是非之心，具信之性而成誠實之心。此一心所以自備五常之性也。

형기와 심리[46]의
치우침과 온전함에 대해 논함
論形氣心理偏全

기품(氣稟)에 국한되어 오장(五臟)은 각각 한 리(理)를 갖추고 있다. 각각 그 부분적인 것을 얻는다.

간(肝)의 신(神)은 인(仁)의 리를 가진다.

폐(肺)의 신(神)은 의(義)의 리를 가진다.

심(心)의 신(神)은 예(禮)의 리를 가진다.

신(腎)의 신(神)은 지(智)의 리를 가진다.

비(脾)의 신(神)은 신(信)의 리를 가진다.

본래 허명(虛明)한 것이어서 일심(一心)은 자체에 오성(五性)을 갖추고 있다. 홀로 그 전체를 얻는다.

측은히 여기는 마음은 인(仁)의 실마리이다.

부끄러워하거나 미워하는 마음은 의(義)의 실마리이다.

사양하고 공손한 마음은 예(禮)의 실마리이다.

옳고 그름을 가리는 마음은 지(智)의 실마리이다.

성실한 마음은 신(信)의 실마리이다.

사서장도
은팔
홍
오

五臟局於氣, 氣以類配形。故木之氣爲肝之神, 有仁之理 ;
金之氣爲肺之神, 有義之神 ; 火之氣爲心之神, 有禮之理 ; 水
之氣爲腎之神, 有知之理 ; 土之氣爲脾之神, 有信之理。此五
臟所以各具一偏之理也。

五性具於心, 心以虛會理, 故具仁之性而成惻隱之心 ; 具義
之性而成羞惡之心, 具禮之性而成辭遜之心 ; 具知之性而成是
非之心 ; 具信之性而成誠實之心。此一心所以自備五常之性也。

오장五臟은 기기氣에 의해 범위가 정해지고 기기氣는 종류에 따라 형체에 배속된다. 그래서 목木의 기기氣는 간肝의 신神인데 거기에 인仁의 리理가 있고, 금金의 기기氣는 폐肺의 신神인데 거기에 의義의 리가 있으며, 화火의 기는 심心의 신인데 거기에 예禮의 리가 있고, 수水의 기는 신腎의 신인데 거기에 지智의 리가 있으며, 토土의 기는 비脾의 신인데 거기에 신信의 리가 있다. 이것이 오장이 각자 부분적인 리를 가지게 되는 까닭이다.

그런데 오성五性은 심에 갖추어져 있고 심은 허虛한 속성이어서 리를 담고 있다. 그러므로 인仁의 성을 갖추고서 측은지심惻隱之心을 이루고, 의義의 성을 갖추고 수오지심羞惡之心을 이루며, 예禮의 성을 갖추고 사손지심辭遜之心(사양하는 마음)을 이루고, 지智의 성을 갖추고 시비지심是非之心을 이루며, 신信의 성을 갖추고 성실지심誠實之心(성실한 마음)을 이룬다. 이것이 하나의 심이 그 자체에 오상五常의 성性을 갖추고 있는 까닭이다.

○論五常不必言健順

氣
合妙

木之行
火之行　均陽之氣
金之行
土之行
水之行　均陰之氣

理
靜真

仁之性
禮之性　均健之理
義之性
信之性
知之性　均順之理

86

오상을 논할 때 건순을
언급할 필요가 없음에 대하여
論五常不必言健順

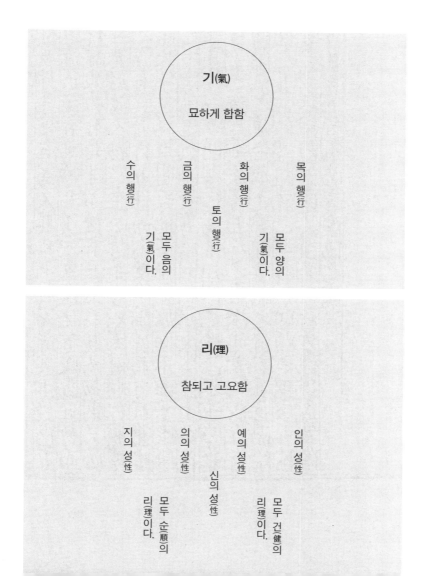

기(氣)

묘하게 합함

수의 행(行)

금의 행(行)

화의 행(行)

목의 행(行)

토의 행(行)

모두 음의 기(氣)이다.

모두 양의 기(氣)이다.

리(理)

참되고 고요함

지의 성(性)

의의 성(性)

예의 성(性)

인의 성(性)

신의 성(性)

모두 순順의 리(理)이다.

모두 건健의 리(理)이다.

程子曰天地儲精得五行之秀者為人其本也真而靜其末發也五
性具焉朱子曰天道流行發育萬物其所以為造化者陰陽五行而
已而所謂陰陽五行者又必有是理而後有是氣及其生物則又必
因其氣之聚而後有是形故人物之生必得是理以為健順仁義禮
知之性或問二子之說有言五行五性而不及陰陽健順者有兼陰
陽健順而言者切謂朱子之說推明天地造化之原而不離乎陰陽
者故其說於人也聚之本陰陽之氣流於五臟則屬水火木金土之行
人得之本健順之理具於一心則為仁義禮知信之性此朱子必兼
陰陽健順之說也程子之說只從人得五行之秀說起盖人以五行
為主而木火之秀即陽氣之流金水之秀即陰氣之流言五行而陰
陽便在其中者也性之五常仁禮即健之義知即順之理言五性
而健順便在其中者矣朱語錄曰做造人須是五行方做得成然陰
陽便在五行中此可見言五行不必言陰陽之說

程子曰：“天地儲精, 得五行之秀者爲人。其本也眞而靜, 其未發也, 五性具焉。” 朱子曰：“天道流行, 發育萬物, 其所以爲造化者, 陰陽五行而已, 而所謂陰陽五行者, 又必有是理, 而後有是氣。及其生物, 則又必因是氣之聚, 而後有是形。故人物之生, 必得是理, 以[47]爲健順仁義禮智之性。”

或問：“二子之說, 有言五行、五性而不及陰陽者, 有兼陰陽、健順而言者。”

切謂朱子之說, 推明天地造化之原, 而不離乎陰陽者。故其於人也聚之, 本陰陽之氣, 流於五臟, 則屬水火木金土之行 ; 人得之, 本健順之理, 具於一心, 則爲仁義禮知信之性。此朱子必兼陰陽、健順之說也。

程子之說, 只從‘人得五行之秀’說起。蓋人以五行爲主, 而木火之秀卽陽氣之流, 金水之秀卽陰氣之流, 言五行而陰陽便在其中者也。性之五常, 仁、禮卽健之理, 義、知卽順之理, 言五常而健順便在其中者矣。『朱子語錄』曰：“做這人, 須是五行, 方做得成。然陰陽便在五行中。”[48] 此可見言五行不必言陰陽之說。

정자程子는 “천지가 정수精髓를 쌓아 만물을 만들 때 그중 오행五行의 빼어난 것을 얻은 것이 사람이다. 그 근본은 참되고 고요하며 그것이 발하지 않았을 때 오성五性이 거기에 갖추어져 있다.”라고 하였고, 주자朱子는 "천도天道가 유행流行하여 만물을 발육하는데, 그러한 조화造化를 가능하게 하는 것은 음양陰陽과 오행五行일 뿐이다. 그런데 이른바 음양·오행이란, 또 반드시 이 리理가 있고 난 뒤에 이 기氣가 있는 것이다. 만물을 생성할 때는 또 그 기氣가 모인 것을 바탕으로 이 형체가 있게 된다. 그러므로 사람을 비롯한 만물들이 생성될 때는 반드시 이 리理를 얻어서 건순健順·인의예지仁義禮智[49]의 성性으로 삼는다."라고 하였다.

어떤 사람은 "두 선생님의 설명을 보면 오행五行과 오성五性만 말하고 음양陰陽을 말하지 않는 경우도 있고, 음양陰陽과 건순健順까지 겸해서 말한 경우도 있는 것은 왜인가?"라고 물었다.

내가 생각하기에, 주자의 설명은 천지조화의 근원까지 캐고 들어가서 그것을 바탕으로 말하였지만 음양陰陽을 벗어나지는 않은 것이다. 그래서 사람에 대한 설명의 경우, 모여진 것은 본래 음양의 기인데 오장으로 전개되면서 수·화·목·금·토의 오행에 각각 분속되고, 사람이 얻은 것은 본래 건순健順의 리로서 심心 속에 갖추어져 있으니 인·의·예·지·신의 성이다. 이것이 주자가 반드시 음양과 건순의 설명까지 겸하여 말한 까닭이다.

정자程子의 말은 단지 사람이 오행의 빼어난 것을 얻은 것으로부터 말을 시작한 것이다. 대개 사람은 오행을 위주로 하는데 목木과 화火의 빼어난 것이 바로 양기陽氣의 흐름이고 금金과 수水의 빼어난 것이 바로 음기陰氣의 흐름이다. 오행五行을 말하면 음양이 곧 그 속에 있는 것이다. 성의 오상에서 인仁과 예禮는 곧 건健의 리理이고, 의義와 지智는 곧 순順의 리이다. 오상을 말하면 건순이 그 속에 들어 있는 것이다. 『주자어록朱子語錄』에, "이 사람을 만들려면 반드시 오행이 있어야만 만들 수 있다. 하지만 음양이 오행 속에 들어 있다."라고 하였다.[50] 이것을 통해 오행을 말할 때는 음양을 말할 필요가 없다는 말의 의미를 알 수 있다.

○論四端不必言信

正二三月為春屬木　　土寄旺十八日　　肝四形經重之　仁信有此仁

四五六月為夏屬火　　　　土寄旺十八日　心　　禮信有此禮

사단을 논할 때 신을 언급할 필요가 없음에 대하여

論四端不必言信

봄이다. 1, 2, 3월은 목(木)에 속한다. 토(土)는 그중 18일에 깃들어 왕성하다. 간이다.(4부部에서 경중輕重의 중간이 모두 비脾의 맥이다.) 인(仁)이다. 신(信)은 이 인(仁)이 실제로 존재함이다.

여름이다. 4, 5, 6월은 화(火)에 속한다. 토(土)는 그중 18일에 깃들어 왕성하다. 심(心)이다. 예(禮)이다. 신(信)은 이 예(禮)가 실제로 존재함이다.

가을이다. 7, 8, 9월은 금(金)에 속한다. 토(土)는 그중 18일에 깃들어 왕성하다. 폐(肺)이다. 의(義)이다. 신(信)은 이 의(義)가 실제로 존재함이다.

겨울이다. 10, 11, 12월은 수(水)에 속한다. 토(土)는 그중 18일에 깃들어 왕성하다. 신(腎)이다. 지(智)이다. 신(信)은 이 지(智)가 실제로 존재함이다.

七八九月爲秋屬金　土寄旺十八日　肺　義　信有此義

十一十二正月爲冬屬水　土寄旺十八日　腎　智　信有此智

四端之性稟於五行之氣而論五行之造化則正二三月爲春屬木四五六月爲夏屬火七八九月爲秋屬金十一十二月爲冬屬水惟土無正位寄旺四季每季旺十八日其在人則土爲脾而四部輕重之中皆爲脾脈又爲信而四端所具之理皆爲實理故言四端不必復言信也

四端之性, 稟於五行之氣, 而論五行之造化, 正二三月
爲春, 屬木 ; 四五六月爲夏, 屬火 ; 七八九月爲秋, 屬金 ;
十十一十二月爲冬, 屬水。惟土無正位, 寄旺四季, 每季旺十八
日。其在人則土爲脾, 而四部輕重之中, 皆爲脾脈。又爲信, 而
四端所具之理, 皆爲實理, 故言四端不必復言信也。

사단四端의 성성性은 오행五行의 기氣로부터 품부된 것인데, 오행의 조화造化를 논하자면 1, 2, 3월은 봄이고 목木에 속하고, 4, 5, 6월은 여름이고 화火에 속하며, 7, 8, 9월은 가을이고 금金에 속하고, 10, 11, 12월은 겨울이고 수水에 속한다. 오직 토土만은 바른 자리가 없고 네 계절 안에 깃든 채로 왕성한데 매 계절마다 18일 동안 왕성하다. 사람의 경우로 말하자면 토土는 비장脾臟으로서 4부部[51]에서 경중輕重의 가운데가 모두 비장의 맥이다. 또 신信(신실함)에 해당하는데, 사단四端에 갖추어진 리理는 모두 실리實理(신실한 리)이므로 사단을 말할 때는 다시 신을 말할 필요가 없다.

○孔子專言仁

（以理言只　仁　是一生生）

春　生意之生　　仁　仁之本軆
夏　生意之長　　禮　仁之節文
秋　生意之收　　義　仁之斷制
冬　生意之藏　　智　仁之分別

공자가 인을 단독으로 말한 것에 대하여
孔子專言仁

리(理)로서 말하면

인(仁)

단지 낳고 낳음이다.

봄
낳는 의지 중에서
낳음이다.
인이다. 인의 본체이다.

여름
낳는 의지 중에서
성장시킴이다.
예이다. 인의 적절히 멋 냄이다.

가을
낳는 의지 중에서
거둠이다.
의이다. 인의 결단함이다.

겨울
낳는 의지 중에서
간직함이다.
지이다. 인의 분별함이다.

東
南　溫厚之仁氣　禮　仁之著
西　嚴凝之義氣　智　義之藏
北

以氣言只
仁義
是一陰陽

四端之性孔子只言仁以專言者言之也朱子曰當來得於天
者只是箇仁所以為心之全躰却自仁中分四界子一界子是
仁之仁一界子是仁之義一界子是仁之禮一界子是仁之智
又曰仁是箇生底意如四時之有春彼其長於夏遂於秋成於
冬雖各具氣候然春生之氣皆貫通於其中是也孟子兼言仁
義以其偏言者言之也然亦不是於孔子所言之外添入一箇
義字蓋一心之中仁義禮知各各有界限而仁義兩字又是箇大
界限如造化流行其實不過於一陰一陽是也故溫厚之氣盛

98

맹자가 의를 겸하여 말한 것에 대하여
孟子兼言義

기(氣)로서 말하자면

인의
(仁義)

단지 음과 양이다.

북 서 남 동

엄하고 굳은 따뜻하고 두터운

의(義)의 기운이다. 인(仁)의 기운이다.

지(智)는 예(禮)는

의(義)가 간직된 것이다. 인(仁)이 드러난 것이다.

於東南天地之仁氣也嚴凝之氣盛於西北天地之義氣也言

仁義則禮知實在其中禮又是仁之著知又是義之藏也

四端之性, 孔子只言仁, 以專言者言之也。朱子曰 : "當來得
於天者, 只是個仁, 所以爲心之全體。卻自仁中分四界子, 一界
子是仁之仁, 一界子是仁之義, 一界子是仁之禮, 一界子是仁
之智。" 又曰 : "仁是個生底意, 如四時之有春。彼其長於夏、遂
於秋、成於冬, 雖各具氣候, 然春生之氣, 貫通於其中。" 是也。

孟子兼言義, 以其偏言者言之也。然不是於孔子所言之外,
添入一個義字。蓋一心之中, 仁、義、禮、知各有界限, 而仁、義
兩字又是個大界限。如造化流行, 其實不過於一陰一陽, 是也。
故溫厚之氣, 盛於東南, 天地之仁氣也 ; 嚴凝之氣, 盛於西北,
天地之義氣也。言仁、義, 則禮、知實在其中。禮又是仁之著,
知又是義之藏也。

사단四端의 성性에 대해 공자는 단지 인仁만 말하였으니, 단독으
로 말할 때의 의미로 말한 것이다. 주자朱子는 "애초에 하늘에서 얻
은 것은 단지 인仁인데 이것이 마음의 전체이다. 그리고 인仁을 네
부분으로 나누면, 한 부분은 인의 인仁이고, 한 부분은 인의 의義이
며, 한 부분은 인의 예禮이고, 한 부분은 인의 지智이다."라고 하였
고, 또 "인은 낳는 의지여서 마치 사계절에 봄이 있는 것과 같다. 저
여름에 성장시키고 가을에 성취시키며 겨울에 완결시키는 것은 비
록 각각 그에 맞는 기후가 있지만 봄의 낳는 기운이 그 가운데를 관
통하고 있다."라고 하였는데, 이것을 말한 것이다.

맹자는 인과 의를 겸해서 말하였으니 한 부분으로서 말할 때의

四書章圖　陳栎總要

의미로 말한 것이다. 하지만 공자가 말한 것 이외에 의義라는 한 글자를 더 추가한 것이 아니다. 대개 하나의 마음 안에서 인·의·예·지는 각자의 범위가 있는데 인과 의는 또 큰 범위이다. 예컨대 조화造化가 유행하는 것은 사실 하나의 음과 하나의 양에 지나지 않는다는 점이 이것을 말해준다. 그래서 따뜻하고 두터운 기운은 동쪽과 남쪽에서 성하니 천지에 있어 인仁의 기운이고, 엄하고 굳은 기운은 서쪽과 북쪽에서 성하니 천지에 있어 의義의 기운이다. 인과 의를 말하면 예와 지는 사실 그 속에 있다. 예는 또 인이 드러난 것이고, 지는 또 의가 간직된 것이다.

○論語仁字訓義

⦅仁⦆

孟子集註先言心之德此
　愛之理　包
　心之德

|言| 後言愛之理義各有取

|躰|
|用|

仁之道一也而言之不同愛之理心之德者所以訓仁之名義
包體用而言之也六字自有體用心之德又包四端之休用是
本心之全德以心德明仁之體推之禮義知而可以知其德之
全者也天下之正理以天理明仁之體用之禮與樂而可以察
其理之正者也其本心正理如人心所有之物全體不息是以人言
惻隱之心而不仁故不能用此礼察也
仁必其人體之而不息者足以當此仁當理無私是以事言仁

本心之全德 此以体貫
　　　　　 於用而言
　　　　　 全体而不息 ｜此以｜
　　　　　　　　　　　｜人言｜

天下之正理 其体而言
當理而無私 ｜此以｜
　　　　　 ｜事言｜

논어의 '인'자에 대한 풀이

論語仁字訓義

'사랑의 이치'를
뒤에 말하였는데,
이러한 정의는 각자
취한 이유가 있다.

인(仁)

『맹자집주』에서는
'마음의 덕'을
먼저 말하고

마음의 덕   사랑의 이치

이것은 체와 용을 포괄하여 말한 것이다.

천하의 바른 이치이다.

이것은 용으로 인하여
그 체를 미루어서 말한 것이다.

본심의 전체 덕이다.

이것은 체가 용에 관통되어 있는 것으로
말한 것이다.

이치에 맞고 사심이 없다.

이것은 일로서 말한 것이다.

온전히 체현하여 그치지 않는다.

이것은 사람으로서 말한 것이다.

必其事至當而無私然後可謂仁○全體而不息不見公弘治篇雍也

松始後也全體不息之仁可以語夫子而不可以語子

無私之仁可以許東賢三仁而不可以語仲弓當理

道則一也全體不息是大叚從體上說來當理無私是大叚從其為仁之章當理而无私見

用上說來全體不息只是盡仁之實踐當理無私是求仁之要工

兼數義觀之則仁之為道無餘蘊矣

仁之道一也, 而言之不同。"愛之理, 心之德" 者, 所以訓仁之名義, 包體用而言之也。(六字自有體用。心之德, 又包四端之體用；愛之理, 又包一端之體用。是『學而』"孝弟也者" 章。)

'本心之全德', 以心德明仁之體, 推之禮、義、知, 而可以知其德之全者也。'天下之正理', 以天理明仁之體, 用之禮與樂, 而可以察其理之正者也。('本心之全體', 見『顏淵』篇 "克己復禮" 章。謂此心所具之理, 如仁義禮知, 皆仁也。'天下之正理', 見『八佾』篇 "人而不仁" 章。正理是人心所有之物, 失之, 則心皆人欲, 故不能用此禮樂也。)

'全體不息', 是以人言仁, 必其人體之而不息者, 足以當此人。'當理無私', 是以事言仁, 必其事至當而無私, 然後可謂仁。('全體而不息', 見『公冶長』篇 "雍也仁而不佞" 章；'當理而無私', 見『公冶』 "令尹子文" 章。)

'全體不息' 之仁, 可以語夫子, 而不可以語仲弓；'當理無私' 之仁, 可以許夷齊、三仁, 而不可以語子文、文子。其爲仁之道則一也。'全體不息', 是大段從體上說來；'當理無私', 是大段從用上說來。'全體不息', 是盡仁之實踐；'當理無私', 是求仁之要工。兼數義觀之, 則仁之爲道, 無餘蘊矣。

인仁이라는 도道는 하나이지만, 말하는 방식은 같지 않다. '사랑의 원리이자 마음의 덕이다[愛之理, 心之德]'라는 표현은 인의 개념을 풀이하여 체體와 용用을 아울러 말한 것이다. (이 여섯 자에는 자연히 체와 용이 있다. '마음의 덕'은 또 '네 실마리[四端]'의 체와 용을 포괄하며, '사랑의 이치'는 또 '한 실마리'의 체와 용을 포괄한다.『학이學而』"효제란[孝弟也者]"장.)

'본심의 전체 덕'이란 표현은 마음의 덕을 통해 인의 체를 밝힌 것이다. 예·의·지로 미루어서 보면 그것이 덕의 전체라는 것을 알 수 있다. '천하의 바른 이치'라는 표현은 하늘의 이치를 통해 인의 체를 밝힌 것이다. 예禮와 악樂에 사용할 수 있으니 그것이 이치의 바른 것이라는 것을 살필 수 있다.('본심의 전체'라는 표현은『안연顔淵』편 '극기복례克己復禮'장에 보인다. 이 마음에 갖추어진 리理인 인·의·예·지 같은 것은 모두 인이라는 의미이다. '천하의 바른 이치'라는 표현은『팔일八佾』편 '사람이면서 어질지 않다면[人而不仁]'장에 보인다. 바른 이치란 사람의 마음에 갖추어진 것으로 이것을 잃으면 마음이 전부 인욕人欲이 되어 버린다. 그래서 이 예와 악이 있더라도 사용할 수 없게 된다.)

'온전히 체현하여 그치지 않는다'라는 것은 사람으로서 말한 것이다. 인仁은 반드시 그 사람이 체현해야 하는 것인데 그치지 않는 자라면 이런 사람에 해당할 수 있다. '이치에 맞고 사심이 없다'라는 것은 일로서 말한 것이다. 인은 반드시 그 일이 지극히 합당하고 사심이 없어야 하니 그런 뒤에야 인이라고 할 수 있다. ('온전히 체현하여 그치지 않는다'라는 표현은『공야장公冶長』편 '옹은 어질지만 말주변이 없다[雍也仁而不佞]'장에 보이고, '이치에 맞고 사심이 없다'라는 표현은『공야장』편 '영윤자문令尹子文'장에 보인다.)

'온전히 체현하여 그치지 않는' 인仁은 공자를 이렇게 표현할 수 있지만 중궁仲弓을 이렇게 표현할 수는 없고, '이치에 맞고 사심이 없는' 인은 백이伯夷·숙제叔齊와 '세 어진 이'[52]에게는 인정할 수 있지만 자문子文이나 문자文子를 이렇게 표현할 수는 없다.[53] 그것이 인의 도리라는 점에서는 일치하지만, '온전히 체현하여 그치지 않음'이란 대체로 체體의 측면에서 말한 것이고, '이치에 맞고 그치지 않음'이란 대체로 용의 측면에서 말한 것이며, '온전히 체현하여 그치지 않음'은 인仁을 다하는 실천에 해당하고, '이치에 맞고 사심이 없음'은 인仁한 사람이 되는 데 있어 요체가 되는 공부이다. 여러 정의를 겸하여 살펴보면 인仁이라는 도리에 대해 남김 없이 알게 될 것이다.

○論仁表裏同異

○曾子　弘毅　　可以言仁
○周公　才美　　不可言仁

○由也　果
○求也　藝

○比干　忠
○庚齋　清　　　可以言仁
○子文　忠
○文子　清　　　可不言仁

未　訥　巧　令

司馬牛其
近仁言也　訒纏　德之一端
仲弓雖云
鮮仁不佞然非　德之全体

인의 안과 밖, 같고 다름에 대해 논함
論仁表裏同異

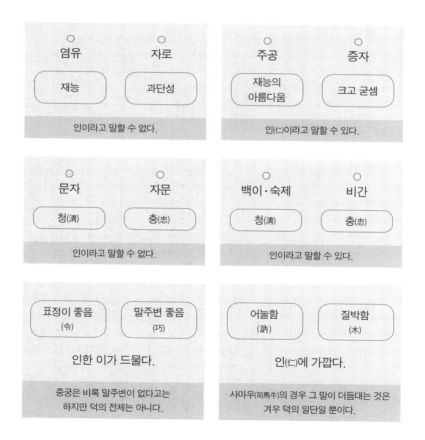

염유 ○	자로 ○
재능	과단성
인이라고 말할 수 없다.	

주공 ○	증자 ○
재능의 아름다움	크고 굳셈
인(仁)이라고 말할 수 있다.	

문자 ○	자문 ○
청(淸)	충(忠)
인이라고 말할 수 없다.	

백이·숙제 ○	비간 ○
청(淸)	충(忠)
인이라고 말할 수 있다.	

표정이 좋음 (令)	말주변 좋음 (巧)
인한 이가 드물다.	
중궁은 비록 말주변이 없다고는 하지만 덕의 전체는 아니다.	

어눌함 (訥)	질박함 (木)
인(仁)에 가깝다.	
사마우(司馬牛)의 경우 그 말이 더듬대는 것은 겨우 덕의 일단일 뿐이다.	

仁之道大至難言也如曾子之弘毅周公之才美可以言仁矣

而子路冉求之果藝則不可以言仁比干之忠夷齊之清可以

言仁矣而子路冉求之忠清則不可以言仁木訥近仁而司馬

之言訒繞德之一端巧令鮮仁而仲弓之不佞非德之全體此

其故何也曾子周公比干夷齊之徒其性之全心之純乎理者

也心純乎理故無往而非仁由其內充之實以知其仁也子路

冉求子文子一偏之性事偶當乎理者也事當乎理未必皆

能仁不可以其外著之似而許其仁也觀此則表裏同異之辨

可見矣

仁之道大, 至難言也。如曾子之弘毅、周公之才美, 可以言仁矣, 而子路、冉求之果、藝, 則不可以言仁 ; 比干之忠、夷齊之清, 可以言仁矣, 而子文、文子之忠、清, 則不可以言仁 ; 木訥近仁, 而司馬之言訒, 纔德之一端 ; 巧令鮮仁, 而仲弓之不佞, 非德之全體。此其故, 何也?

曾子、周公、比干、夷齊之徒, 具性之全, 心之純乎理者也。心純乎理, 故無往而非仁, 由其內充之實, 以知其仁也。子路、冉求、子文、文子, 一偏之性, 事偶當乎理者也。事當乎理, 未必皆能仁, 不可以其外著之似而許其仁也。觀此, 則表裏同異之辨, 可見矣。

인이라는 도리는 커서 말로 표현하기가 지극히 어렵다. 증자曾子의 넓고 굳셈과 주공周公의 재주의 아름다움은 인이라고 할 수 있다. 하지만 자로子路와 염구冉求의 과단성과 재능은 인이라고 할 수 없다. 비간比干의 충정과 백이·숙제의 깨끗함은 인이라고 할 수 있지만, 자문子文과 진문자陳文子의 충정과 깨끗함은 인이라고 할 수 없다. 질박하고 어눌한 것은 인에 가깝지만 사마우의 경우 말이 더듬거린 것은 겨우 덕의 일단일 뿐이었고, 말주변 좋고 표정이 좋은 이는 어진 이가 드물지만 중궁仲弓이 말주변 없었던 것은 덕의 전체가 아니다. 이것은 그 까닭이 무엇인가?

증자·주공·비간·백이·숙제와 같은 분들은 성性의 전체를 갖추고 마음이 온전히 이치에 맞는 이들이었다. 마음이 온전히 이치

사서장ᄃ
ᄋ
팔
총
요

에 맞았기에 어디를 가나 인이 아닌 것이 없었던 것이다. 내면에 가득한 진실함을 통해서 그들이 어질다는 것을 알 수 있다. 자로·염구·자문·문자는 한 부분의 성性이고 일이 우연히 이치에 맞은 이들이었다. 일이 이치에 맞았지만 반드시 전부 어질 수 있다고 할 수는 없다. 그 밖으로 드러난 유사함을 근거로 그들을 어질다고 인정할 수는 없다. 이것을 보면 안과 밖, 같고 다름의 구분에 대해 알 수 있을 것이다.

○論仁者愛之理心之德

自孔子荅樊遲問仁以愛人韓昌黎遂有愽愛之謂仁之說不
知仁性也愛情也離愛以言仁不可指愛以爲仁則以情爲性
矣故不曰愛而曰愛之理自孟子有仁人心也之說陸象山遂
謂心即仁即心不知心氣也仁理也舍心以求仁不可指心
以爲仁則以氣爲理矣故不曰心而曰心之德

인은 사랑함의 이치이고 마음의 덕이라는 풀이에 대해 논함
論仁者愛之理心之德

自孔子答樊遲問以愛人, 韓昌黎遂有 "博愛之謂仁" 之說, 不知 "仁, 性也 ; 愛, ○○○。離愛○言仁, 不可 ; 指愛以爲仁, 則以情爲性矣。故不曰愛, 而曰愛之理。

自孟子有 "仁, 人也" 之說, 陸○山遂謂 "心即仁, 仁即心。" ○○○○○○○○○求仁, 不可 ; 指心以爲仁, 則以氣爲理矣。故不曰心, 而曰心之德。

　　공자께서 번지樊遲의 질문에 대해 "남을 사랑하는 것이다."라고 대답한 뒤로 한유韓愈는 드디어 "널리 사랑하는 것을 일러 인이라고 한다"라는 정의를 내리고, '인仁은 성性이고 사랑함은 정情이라는' 사실을 알지 못하였다. '사랑함'을 떠나 인을 말하는 것은 불가능하지만 '사랑함'을 가리켜 인이라고 규정하는 것은 정情을 성性이라고 간주하는 셈이다. 그러므로 '사랑함'이라고 하지 않고, '사랑함의 이

四書章圖隱栝總要

치'라고 한 것이다.

맹자께서 "인仁은 사람이다."라고 정의한 뒤로 육상산陸象山은 드디어 "마음이 곧 인仁이고, 인이 곧 마음이다."라고 규정하게 되었다. 마음은 기氣이고, 인仁은 리理이다. 마음을 버리고 인을 구하는 것은 불가능하지만 마음을 가리켜 인이라고 규정하는 것은 기를 리로 간주하는 셈이다. 그렇기 때문에 '마음'이라고 하지 않고, '마음의 덕'이라고 말한 것이다.

○論愛有差等

朱子作此圖示陳敬
之中寫仁字外一重
寫孝弟字又外一重
寫仁民愛物字行此
仁道先自孝弟始親
親長長而後次第推
去米若兼愛之無分
別也

120

사랑에 차등이 있음에 대하여

論愛有差等

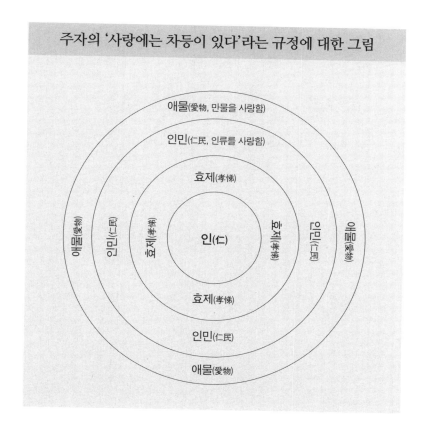

주자의 '사랑에는 차등이 있다'라는 규정에 대한 그림

애물(愛物, 만물을 사랑함)

인민(仁民, 인류를 사랑함)

효제(孝悌)

인(仁)

사서장도 은팔촘오

朱子作此圖示陳敬之, 中寫仁字, 外一重寫孝弟字, 又外一
重寫仁民、愛物字。行此仁道, 先自孝弟始。親親、長長而後次
第推去, 非若兼愛之無分別也。

주자朱子는 이 그림을 그려서 진경지陳敬之에게 보여주었다. 가운
데에 '인仁'자를 쓰고, 그 바깥의 한 겹에는 '효제孝悌'자를 쓰고, 또
그 바깥의 한 겹에는 '인류를 사랑함[仁民]'이라는 글자와 '만물을 사
랑함[愛物]'이라는 글자를 썼다.[54] 이 인仁의 도리를 행하는 것은 먼저
효제孝悌로부터 시작한다. 부모를 부모로 잘 섬기고 어른을 어른으
로 잘 섬긴 뒤에 차례로 나아가는 것이니, 분별이 없는 겸애와는 같
지 않다.

○廣仁說

沈毅齋曰維天之命於穆不已天之理也理本一而有元亨利貞之目氣為之用則有生長收藏矣有理有氣形而上下者也四者不可缺一也然妙萬化育萬物則其德莫大於元惟皇上帝降衷下民人之性也性本一而有仁義禮知之目情為之用則有愛恭宜別矣有性有情相為躰用者也四者亦不可缺一也然主萬善綱萬事則其德莫大於仁天地者人物之大人物者天地之小性乘乎氣雖有上下之別而神於動靜者本不可別性之與情雖有躰用之分而妙於寂感者本不可分程子乃有專言偏言之說何也於天為元理無不該所謂專言生氣收藏之理而統會之者也至出於氣而為生之始則理因氣行春貫四時雖曰偏言而專言者亦在其中矣於人為仁性無不該亦所謂專言之也合愛恭宜別之理而統會之者也至

인을 확장하는 일에 대한 이론

廣仁說

沈毅齋曰: "'維天之命, 於穆不已', 天之理也。理本一, 而有元、亨、利、貞之目, 氣爲之用, 則有生長收藏矣。有理有氣, 形而上、下者也。四者不可缺一也, 然妙萬化, 育萬物, 則其德莫大於元。'惟皇上帝, 降衷下民', 人之性也。性本一而有仁、義、禮、知之目, 情爲之用, 則有愛、恭、宜、別矣。有性有情, 相爲體用者也。四者亦不可缺一也。然主萬善, 綱萬事, 則其德莫大於仁。

天地者, 人物之大, 人物者, 天地之小。性乘乎氣, 雖有上下之別, 而神於動、靜者, 本不可別; 性之與情, 雖有體用之分, 妙於寂、感者, 本不可分。程子乃有專言、偏言之說, 何也?

於天爲元, 理無不該, 所謂專言之也。合生氣[55]收藏之理, 而統會之者也。至出於氣而爲生之始, 則理因氣行, 春貫四時, 雖曰偏言, 而專言者, 亦在其中矣。

發於情而為愛之端則性因情顯惻隱貫四端雖曰偏言而事無
言之者亦在其中矣故元亨利貞均為至美而元為善之長仁
義禮知均為天爵而仁為爵之尊所謂天體物不遺仁體事無
不在者姑此也雖然言仁為爵之體則其該於一心者渾然而無別
言仁之用則其散在萬事者粲然而有倫渾非合也散於萬者
之根也粲非離也該於一者之枝也李先生曰當理而無私心
則仁矣仁體乎事事當乎理固可因用以見其躰之該性即理
而理無不在也仁根於心雜乎私不可以用而許其躰之全
情出於氣而氣或有偏也孔子罕言仁亦不輕許人以仁其罕
言也欲求之事物之實而不虛暴其仁之名也其不輕許也不
因其事為之小而遂與其仁之大也知此可以知心德之難全
矣是故克己復禮去人欲以全此德也見賓承祭存吾心以全
此德也親肢不毀傷矣移忠於君則殺身以全之父命可繼也

於人爲仁, 性無不該, 亦所謂專言之也。合愛、恭、宜、別之別, 而統會之者也。至發於情, 而爲愛之端, 則性因情顯, 惻隱貫四端, 雖曰偏言, 而專言之者, 亦在其中矣。

故元、亨、利、貞, 均爲至美, 而元爲善之長 ; 仁、義、禮、知, 均爲天爵, 而仁爲爵之尊。所謂 '天體物不遺, 仁體事無不在' 者, 如此也。雖然, 言仁之體, 則其該於一心者渾然而無別 ; 言仁之用, 則其散在萬事者粲然而有倫。渾非合也, 散於萬者之根也 ; 粲非離也, 該於一者之枝也。

李先生曰 : '當理而無私心, 則仁矣.' 仁體乎事, 事當乎理, 固可因用以見其體之該, 性即理而無不在也 ; 仁根於心, 心雜乎私, 不可以用而許其體之全, 情出於氣而氣或有偏也。

孔子罕言仁, 亦不輕許人以仁。其罕言也, 欲求之事物之實, 而不虛慕其仁之名也 ; 其不輕許也, 不因其事爲之小, 而遂與其仁之大也。知此, 可以知心德之難全矣。

是故, 克己復禮, 去人欲以全此德也 ; 見賓、承祭, 存吾心以全此德也。親肢不毀傷矣, 移忠心於君, 則殺身以全之 ; 父命可繼世矣, 天倫爲重, 則棄國以全之。

造次、顚沛之持循, 死生之取舍, 何往而非此理之體? 何往而非此性之在? 何往而非因用以見其心德之該?

克、伐、怨、欲之不行, 恭、敬、忠、實之不棄, 何往非此氣之偏? 何往非此情之制? 何可因用而許其心德之全?

無他。心統性, 性即理, 私心克盡, 而事皆當乎理, 則純乎性

矣天倫為重則秉彝以全之造次顛沛之持循貴賤死生之取
舍何往非此理之體何往非此性之在何往非因用以見其心
德之該曾子之弘毅夫子之藝能仁也子路冉求則惟許之一
偏之果藝德之難全也比干之諫死伯夷之潔身仁也子文
子則惟許之以一事之忠清德之難全也巧令非仁而司馬之
訒言雖心存而不放則此德特示其一端未訥近仁而仲弓之
佞非全體而不息則此德難於輕許克代怨欲之不行恭敬忠
實之不棄何往非此氣之偏何往非此情之制何因用而許
其心德之全無他心統性性即理私心克盡而事皆當乎理則
純乎性命之正者可以為仁心統情情即氣私心未盡克而事則
偶合乎理則出於氣質之美者未可以遽許之以其仁是知心
欲無私爾情不必同也理欲各當爾事不必同也寬裕以好仁
為心德之和而非太叔之寬剛毅以惡不仁為心德之正而非

128

命之正者, 可以爲仁 ; 心統情, 情即氣, 私心未盡克, 而事偶合
乎理, 則出於氣質之美者, 未可以遽許之以其仁。是知心欲無
私爾, 情不必同也 ; 理欲各當爾, 事不必同也。

寬裕以好仁爲心德之和, 而非太叔之寬 ; 剛毅以惡不仁爲
心德之正, 非處父之剛。無彼此內外, 而合乎理之一爲心德之
公, 而非墨之兼愛 ; 有厚薄親疏, 而辨乎分之殊爲心德之察,
而非揚之爲我。

不以一心之無私, 而不求其理之當也 ; 不以一事之偶當, 不
索其心之眞也。體用一貫, 表裏一致, 此心即此理, 此理即此心
矣。博學切問, 以窮其理, 而先難後獲, 以持其心 ; 推己及物,
以博其施, 而入孝出悌, 以修其序。

自 '日月至焉' 之客, 至 '三月不違' 之主, 自 '知者利仁' 之二,
至 '仁者安仁' 之一, '任重而道遠', 不至於 '純亦不已', 不止也。
君子去仁, 惡乎成名? 何可不以是立志哉!

或曰 : '朱子作 『仁說, 至矣盡矣, 不可以有加矣。今之贅說,
豈有異乎?'

曰 : '仁之爲道, 其體至微而難明, 其用至費而難盡。原此心
之生理, 以明其體者, 朱子之 『仁說』 也 ; 原此心之全體, 以明
其用者, 愚之 『廣仁說』 也。朱子發明孔孟之旨, 愚又發明朱子
之旨。何敢異乎?'

因書以質同志。作廣仁之說。"

舆父之剛無彼此内外而合乎理之一爲心德之公而非墨之
兼愛有厚薄親疎而辨乎分之殊爲心德之察而非揚之爲我
不以一心之無私而不求其理之當也不以一事之偶當而不
索其心之真也體用一貫表裏一致此心即此理即此心
矢博學切問以窮其理而先難後獲以持其心推已及物以溥
其施而入孝出悌以脩其序自日月至三月不違之
主自知者利仁之二至仁者安仁之一任重而道遠不至於純
亦不已不止也君子去仁惡乎成名何可不以是立志哉或曰
朱子作仁說至矣盡矣不可以有加矣今之贅說豈有異乎曰
仁之爲道其體至微而難明其用至費而難盡原此心之全理
以明其躰者朱子之仁說也原此心之全體以明其用者愚之
廣仁說也朱子發明孔孟之旨愚又發明朱子之旨何敢異乎
因書以質同志作廣仁之說

심의재沈毅齋가 말하였다.

"'하늘의 명命은 아, 아득하여 그치지 않는다'라는 구절은 하늘의 리理를 말한 것이다. 리는 본래 하나이지만 원元·형亨·리利·정貞의 조목이 있고 기氣가 그 용用이 되면 '낳고', '기르고', '거두고', '간직하는' 구분이 있게 된다. 리가 있고 기가 있는 것은 형이상形而上과 형이하의 차이이다. 넷은 하나도 결여될 수 없다. 하지만 온갖 조화를 신묘하게 이뤄 가고 온갖 사물을 기르는 것으로는 그 덕이 원元보다 큰 것이 없다. '위대한 상제上帝께서 인류에게 충衷[56]을 내리셨다'라는 구절은 사람의 성性을 말한 것이다. 성은 본래 하나이지만 인·의·예·지의 조목이 있고 정情이 그 용用이 되면 '사랑하고', '공경하고', '적절하게 하고', '분별하는' 구분이 있게 된다. 성이 있고 정이 있는 것은 그 사이에 체體와 용用의 관계가 성립하는 것이다. 넷도 또한 어느 하나도 결여될 수 없다. 하지만 온갖 선善을 주도하고 온갖 일을 통괄하는 것으로는 그 덕이 인仁보다 큰 것이 없다."라고 하였다.

천지天地는 인물人物의 확장이고 인물은 천지의 축소이다. 성性은 기氣를 타고 있어 비록 그 둘이 형이상과 형이하의 구별이 있지만 동動과 정靜에 걸쳐 신묘하게 작동하는 그것은 본래 구별할 수가 없다. 성性은 정情과 비록 체와 용의 구분이 있지만 적연부동寂然不動과 감이수통感而遂通에 걸쳐 신묘하게 작용하는 그것은 본래 구분할 수가 없다. 정자程子가 그런데 '단독으로 말하는 경우'와 '부분으로 말하는 경우'로 구별하는 설명을 한 까닭은 무엇인가?

하늘의 차원에서는 원元으로서 포괄하지 못하는 리理가 없는 것이 이른바 '단독으로 말한 경우'이다. 이는 '낳고', '기르고', '거두고',

四書章圖

陳栢總要

'간직하는' 하늘의 모든 리를 합쳐서 통괄하는 것이다. 기氣로 드러나서 '낳음'이 시작되는 단계에 이르면 리가 기氣를 통하여 유행하면서 봄이 네 계절을 관통하게 되는데, 이때 이 봄은 비록 '부분으로서 말한 경우'라지만 '단독으로 말한 경우'의 의미가 또한 그 속에 들어 있다.

사람의 차원에서는 인仁으로서 포괄하지 못하는 성性이 없는 것이 또한 이른바 '단독으로 말한 경우'이다. '사랑하고', '공경하고', '적절하게 하고', '분별하는' 사람의 각 본성을 합쳐서 통괄하는 것이다. 정情으로 드러나서 '사랑함'이라는 실마리가 되면 성이 정으로 인하여 현현하게 되는데, 측은지심이 사단四端을 관통하는 것은 비록 '부분으로서 말한 경우'라지만 '단독으로 말한 경우'의 의미가 또한 그 속에 들어 있다.

그러므로 원元·형亨·리利·정貞은 균등하게 지선至善이지만 원元이 선善의 어른이고, 인·의·예·지가 균등하게 천작天爵이지만 인이 천작 중에서 존귀하다. 이른바 '하늘이 모든 사물의 근간이므로 어느 사물도 하늘을 결여할 수 없고, 인이 모든 일의 근간이므로 인이 없는 곳은 없다'라는 말은 이런 사실로도 증명된다. 비록 그러하지만 인의 체體를 말하자면 한 마음에 갖추어진 것이 혼연하여 구별이 없고, 인의 용用을 말하자면 온갖 일에 산재한 것이 선명히 드러나 분별이 있다. 혼연함은 하나로 뭉쳐져 있기만 한 것이 아니라 만물에 산재한 것의 뿌리이고, 선명히 드러남은 분할되어 있기만 한 것이 아니라 하나로 포괄된 것의 가지이다.

이선생李先生(주자의 스승인 이통李侗)이 말하기를, '리理에 맞고 사심이 없으면 인仁이다.'라고 하였다. 인이 모든 사물의 근간이니 하는 일이 리에 맞는다면 진실로 그 용用을 근거로 삼아 그 체體가 모든 것을 포괄함을 볼 수가 있다. 성은 곧 리理이고 존재하지 않는 곳이 없다. 인은 마음에 뿌리를 둔 것이니 마음이 사심에 뒤섞여 있다면 그 용用, 즉 행위의 일단을 근거로 그 체가 온전하다고 인정해줄 수는 없다. 정情은 기氣에서 나온 것이고 기氣는 더러 치우친 것이 있다.

공자는 인仁에 대해 말하는 경우가 드물었고, 가볍게 남을 인仁하다고 인정하지 않았다. 드물게 말한 까닭은 제자들로 하여금 사물의 실제에서 인의 의미를 구하고 헛되이 인이라는 이름을 희구하지 않게 하려는 의도였으며, 가볍게 인하다고 인정하지 않은 것은 행위의 작은 사례를 근거로 인仁이라는 큰 덕을 가졌다고까지 인정해 주지는 않은 것이다. 이것을 안다면 마음의 덕이란 온전히 체현하기 어렵다는 것을 알 수 있다.

이런 까닭에 '자신을 이기고 예禮로 돌아가는 것'은 인욕人欲을 버리고 이 덕을 온전히 하는 길이고, '손님을 만난 듯이 하고 제사를 받들 듯이 하는 것'은 내 마음을 보전하여 이 덕을 온전히 하는 길이다. 부모의 몸이니 훼상하지 않아야 하지만, 충심을 군주에게로 옮기게 되었을 경우에는 몸을 희생해서라도 이를 온전히 이룬다. 부모의 명이니 군위君位를 이어도 되지만 천륜이 중할 경우에는 나라를 버리고서도 이를 보전한다.[57]

급박하거나 낭패를 본 상황에서도 지키고 따르며 의로운 죽음을 취하고 불의한 삶을 버리는 것은 어느 경우든 이 리理의 체體가 아니겠는가. 어느 경우든 이 성性이 존재하는 곳이 아니겠는가. 어느 경우든 용用을 근거로 해서 그 마음의 덕이 모든 것을 포괄하고 있음을 보여주는 것이 아니겠는가.

'남을 이기려 들거나' '잘난 척하거나' '분노하거나' '탐욕스러운' 행태를 보이지 않으며 행동을 공경히 하고 말을 충실하게 하는 자세를 버리지 않는 것은,[58] 어느 경우든 이 기氣의 편벽함에 따른 것이 아니겠는가. 어느 경우든 이 정情을 제어한 데 불과한 것이 아니겠는가. 어찌 그 용을 근거로 해서 그 마음의 덕이 온전하다고 인정할 수 있겠는가.

다른 이유가 있는 것이 아니다. 심心은 성性을 포함하는데 성은 곧 리理이다. 사심을 다 이기고서 하는 일이 모두 리에 맞으면 성명性命의 올바름에 온전하게 부합하는 경우이니 인仁한 사람일 수 있다. 심은 정情을 포함하는데 정은 곧 기氣이다. 사심을 아직 다 이기지 못하여 하는 일이 단지 우연히 리에 맞는 것이라면 기질氣質이 훌륭해서 그렇게 된 경우이니 이런 사람에게 느닷없이 인하다고 인정해 줄 수는 없다. 이런 경우에는 마음에 사욕이 없게 하려 한다는 것을 알 수 있을 뿐이고 정情이 반드시 그와 같으리라고는 보장할 수 없고, 리에 각각 맞게 하려 한다는 것을 알 수 있을 뿐이고 일이 반드시 그와 같으리라고는 보장할 수 없다.

'너그러움'이라는 도덕성은 '인을 좋아함'을 마음의 온화한 덕으로 삼는 것이지 자태숙子太叔의 너그러움[59]은 아니고, '굳셈'이라는 도덕성은 '불인不仁을 미워함'을 마음의 정직한 덕으로 삼는 것이지 처보處父의 굳셈[60]은 아니다. 저것과 이것, 안과 밖의 차별이 없이 단일한 리에 합치되는 것은 마음의 공정한 덕인 것이지 묵자墨子의 겸애兼愛가 아니다. 후함과 박함, 친함과 소원함이 있어 개별의 차이가 분명한 것은 마음의 구별하는 덕인 것이지 양주楊朱의 위아爲我(자신만을 위함)가 아니다.

한 마음에 사욕이 없게 되었다고 해서 리에 맞게 하려는 노력을 멈추지 않고, 한 가지 일이 우연히 리에 맞게 되었다고 해서 그 마음을 참되게 하려는 노력을 멈추지 않는다. 체體와 용用은 일관되고 안과 밖은 일치하니, 이 마음이 곧 이 리理이고, 이 리가 곧 이 마음이다. 널리 배우고 절실히 질문함으로써 그 리를 궁구하고, 어려운 일을 먼저 하고 보답은 뒤로 미룸으로써 그 마음을 지킨다. 자신으로부터 미루어 남에게까지 미침으로써 그 베풂을 넓히고, 들어와서 효도하고 나가서 공손함으로써 인륜질서를 익혀 간다.

'(인仁에) 하루에 한번 이르거나 한 달에 한번 이르는' 손님의 상태로부터 '석 달 동안 벗어나지 않는' 주인의 상태에 이르기까지,[61] '지혜로운 이여서 인을 이롭게 여기는'(인仁과 자신이) 둘로 분리된 상태로부터 '어진 이여서 인이 편안하게 여겨지는' 하나가 된 상태에 이르기까지 '짐은 무겁고 길은 멀다'라는 마음을 가짐을 가지고 '순수하여 또한 그치지 않는'[62] 단계에 이르지 않고서는 멈추지 않아야 한다. 군자가 인을 떠나고서 어떻게 그 이름에 걸맞겠는가. 어찌 이것으로 뜻을 세우지 않을 수 있겠는가!

누군가 묻기를, '주자朱子가 「인설仁說」을 지어 지극하고 남김이 없으니 더 추가할 수가 없소. 지금의 군더더기 말들은 차이가 있지 않겠소?'라고 하였다.

대답하기를, '인仁이라는 도리는 그 체體가 지극히 은미하여 밝히기 어렵고, 그 용用이 지극히 거대해서 다하기 어렵소. 이 마음의 '낳는' 리理를 연구하여 그 체를 밝혀낸 것은 주자의 「인설仁說」이고, 이 마음의 온전한 체體를 연구하여 그 용用을 밝힌 것은 나의 「인을 확충하는 일에 대한 이론」이오. 주자는 공자와 맹자의 취지를 밝혀낸 것이고, 나는 또 주자의 취지를 밝혀낸 것이오. 어찌 감히 차이가 있겠소?'라고 하였다.

그 대화를 계기로 글로 써서 동지들에게 질정을 구한다. 「인을 확충하는 일에 대한 이론」을 짓는다."

○論仁內外賓主

回也其
心三月　此謂仁在內而我為主者
不違仁

其餘則
日月至　此謂仁在外而我為客者
焉而已

按張子曰始學之要當知三月不違與日月至焉內外賓主之
辨使心意勉勉循循而不能已過此幾非在我者或問朱子內
外賓主朱子曰不違仁者仁在內而我為主日月至焉者仁在
外而我為客誠知此辨則其不安於客而求為主於內必矣又
語錄曰仁猶屋心猶我常在屋中則為主出入不常則為客黃
氏曰語錄有數條大畧以屋為喻而在內者為主在外者為賓
然有二說其一以仁之存亡為賓主其一以軀殻
為屋而以仁之出入為賓主其一以文義言則前說勝以義理言則
後說勝以文義言則心自是心仁自是仁以義理言則心即仁

인의 안과 밖,
주인과 손님에 대해서 논함
論仁內外賓主

안회(顏回)는 그 마음이 인(仁)을 떠나지 않는다.

이것은 인이 마음에 있으며 내가 주인이라는 의미이다.

그 나머지는 하루에 한 번, 한 달에 한 번 이를 뿐이다.

이것은 인이 밖에 있고 내가 객이라는 의미이다.

按張子曰："始學之要, 當知 '三月不違' 與 '日月至焉' 內外、賓主之辨, 使心意勉勉循循而不能已。過此, 幾非在我者。" 或問朱子內外、賓主。朱子曰："'不違仁' 者, 仁在內而我爲主；'日月至焉' 者, 仁在外而我爲客。誠知此辨, 則其不安於客而求爲主於內必矣。"

也仁即心也切謂仁非有内外心不可定賓主也言内外賓主

特因三月不違日月至焉而有辨耳仁者心之德有是心則有

是德譬如屋者身之住宅有簡身便有簡住宅仁是本然底非

自外至故此心常在内而為屋之主是自家底不是寄居底故

此身常在内而為屋之主此以其渾然者言也至於私欲有蔽

不能無違克己工夫或深或淺然後有三月不違之

別而内外賓主所當辨矣三月不違者譬如這屋雖知是自家底

便是或問仁所以一身常在屋内便是語録心雖間有出時終

在内之意　一身常在屋内便是語録心雖間有

是在外不穩繞出便入此蓋心安於内而常為之主是三月不

達之譬也彼日月至焉者譬如常自在外奔走把自家底屋却

做客店相似便是或問仁此身常自在外在外之意雖間有

歸時終是在家不久繞到便去蓋心馳於外而反寄之客是日

月至焉之譬也二說雖若不同然其實非異做客底元是做主

又『語錄』曰：“仁猶屋，心猶我。常在屋中則爲主，出入不常，則客也。”

黃氏曰：“『語錄』有數條大略以屋爲喩，而在內者爲主，在外者爲賓。然有二說。其一，以仁爲屋，而以心之出入爲賓主；其一，軀殼爲屋，而以仁之存亡爲賓主。以文義言，則前說勝；以義理言，則心即仁也，仁即心也。”

切曰：“仁非有內外，心不可定賓主也。言內外、賓主特因‘三月不違’、‘日月至焉’而有辨耳。

仁者心之德，有是心，則有是德。譬如屋者身之住宅，有個身，便有個住宅。仁是本然底，非自外至，故此心常在內而爲仁之主；屋是自家底，不是寄居，故此身常在內而爲屋之主。此以其渾然者言也。

至於私欲有蔽，不能無違，克己工夫或深或淺，然後有‘三月不違’、‘日月至焉’之別，而內外賓主所當辨矣。

‘三月不違’者，譬如這屋，知是自家底 (便是『或問』‘仁在內’之意)，所以一身常在屋內 (便是『語錄』‘心在內’之意)。雖間有出時，終是在外不穩，纔出便入，此蓋心安於內，而常爲之主。是‘三月不違’之譬也。

彼‘日月至焉’者，譬如常自在外奔走，把自家底屋，卻做客店相似 (便是『或問』‘仁在外’之意)，此身常自在外 (便是『語錄』‘心在外’之意)。雖間有歸時，終是在家不久，纔到便去，蓋心馳於外而反爲之客。是‘日月至焉’之譬也。

人底在外底元是在内底知得待在内便是在内而為主嗔做在
外常心在外而為客是以仁非在外而心非是一物
而心又自是一物也屋雖自是屋人雖自是人然人
不違云者如行也在這屋裏飲食宿卧都
在這屋裏畢竟這屋是自家底常要為主所以不違故也且月
至為者譬如要坐時方去借坐要睡時方去借睡少間又走出
去所以只日月至為故也且如夫子老安少懷正是在這自家
屋裏或行或坐或飲或食宿卧事二相安自然在内為主者也
顏子無伐善無施勞正是知這自家屋裏好行好坐好飲食宿
卧事二向安常要在内為主者也子路車馬輕裘與朋友共卻
只是知那屋裏好行好坐好宿卧常常一到爭緣在外為客者
也此可見仁道至難欲用工於仁者須先知仁在内為主之說
然後致心外内實主之辨則其不安於客而求為主於内也亦
必矣

二說雖若不同, 然其實非異. 做客底元是做主人底, 在外底元是在內底. 知得在內, 便是內爲主 ; 喚做在外, 常心在外而客. 是以仁非在外而心非是客, 仁非是一物而心又自是一物也. 屋雖自是屋, 人雖自是人, 然屋所以安人.

'不違' 云者, 如行也在這屋裏行, 坐也在這屋裏坐, 飮食住臥都在這屋裏, 畢竟這屋是自家底, 常要爲主, 所以不違故也 ; '日月至焉' 者, 譬如要坐時方去借坐, 要睡時方去借睡, 少間又走出去, 所以只日月至焉故也.

且如夫子老安少懷, 正是在這自家屋裏, 或行或坐或飮或食宿臥, 事事相安, 自然在內爲主者也 ; 顏子無伐善, 無施勞, 正是知這自家屋裏好行好坐好飮食宿臥, 事事向安, 常要在內爲主者也 ; 子路車馬輕裘與朋友共, 卻只是知那屋裏好行好坐好宿臥, 常常一到, 爭緣在外爲客者也.

此可見仁道至難, 欲用工於仁者, 須先知仁在內爲主之說, 然後致心外內賓主之辨, 則其不安於客而求爲主於內也, 亦必矣.”

살피건대, 장횡거[63]가 말하기를, “처음 배울 때의 요체로는 ‘석 달 동안 떠나지 않음’과 ‘하루에 한 번이나 한 달에 한 번 이름’ 사이에 놓여 있는 안과 밖, 주인과 손님의 차이를 알아서 자신의 마음으로 하여금 부지런하고 끈질기게 지속하고 그만둘 수 없도록 해야만 한다. 이 과정을 지나고 난 뒤로는 거의 자신에게 달린 것이 아니다.” 라고 하였다.

어떤 이가 주자朱子에게 안과 밖, 주인과 손님에 대해서 질문하였다. 주자가 말하기를, "'인을 떠나지 않는다'라는 것은 인이 안에 있고 내가 주인이라는 의미이고, '하루에 한 번이나 한 달에 한 번 이른다'는 것은 인이 밖에 있고 내가 손님이라는 의미이다. 진실로 이 구분을 안다면 손님의 상태에 안주하지 않고 안에서 주인이 되려고 할 것이 틀림없다."라고 하였다.[64]

또 『어록語錄』에서 말하기를, "인은 집과 같고, 마음은 '나'와 같다. 늘 집안에 있으면 주인이 되는 것이고, 들고 나는 것이 일정하지가 않으면 손님이 되는 것이다."라고 하였다.[65]

황씨黃氏(황간黃榦)가 말하기를, "『어록語錄』의 몇몇 조목은 대략 집을 비유로 들어 안에 있는 것을 주인으로 삼고 밖에 있는 것을 손님으로 삼았다. 하지만 두 가지 설이 있다. 하나는 인仁을 집으로 삼고, 들어와 있는 것과 나가 있는 것을 각각 주인과 손님으로 구분한 것이다. 다른 하나는 몸을 집으로 삼고 인仁이 존재하느냐 존재하지 않느냐로 주인과 손님을 구분한 것이다. 문의文義로 말하자면 전자가 낫고, 의미로 말하자면 마음이 곧 인이고 인이 곧 마음이다."라고 하였다.

삼가 이렇게 말한다.

"인은 안과 밖이 있지 않고, 마음은 주인일지 손님일지 확정할 수 없다. 안과 밖이나 주인과 손님으로 말한 것은 단지 '석 달 동안 떠나지 않음'과 '하루에 한 번이나 한 달에 한 번 이름' 사이의 차이에 의해 구분이 있을 뿐이다.

인仁이란 마음의 덕이니 이 마음이 있으면 이 덕이 있는 것이다.

비유하자면, 집은 몸이 사는 곳이니 몸이 있으면 집이 있는 것과 같다. 인은 본연의 것이고 밖으로부터 온 것이 아니므로 이 마음이 늘 그 안에 있어서 인의 주인이 된다. 집은 자신의 것이고 얻혀사는 곳이 아니기 때문에 이 몸이 늘 안에 있고 집의 주인이 된다. 이것은 그 혼연일체인 상태를 근거로 말한 것이다.

사욕이 가리는 상황이 있어서 인을 떠나는 경우가 없을 수 없고 자신을 이기는 공부는 혹은 깊고 혹은 얕은 차이가 생긴 뒤에야 '석 달 동안 떠나지 않거나' '하루에 한 번이나 한 달에 한 번 이르는' 구별이 있게 되어서 안인지 밖인지, 주인인지 손님인지를 분별해야만 하는 상태가 된다. '석 달 동안 떠나지 않는다'라는 것은 비유하자면, 이 집이 자신의 집인 줄 알아서(바로 『혹문或問』의 '인이 안에 있다'라는 말의 의미이다) 몸이 늘 집안에 있는 것이다.(바로 『어록語錄』의 '마음이 안에 있다'라는 말의 의미이다.) 비록 더러 밖으로 나가는 때가 있지만 결국은 밖에 있자면 마음이 편치 않아서 나가자마자 들어오니, 이것은 대개 마음이 안에 있는 것을 편히 여겨 늘 그 주인이 되어 있는 상태이다. 이것이 '석 달 동안 떠나지 않음'에 대한 비유이다.

저 '하루에 한 번이나 한 달에 한 번 이르는' 이들은 비유하자면 늘 밖에서 분주하게 지내며 자신의 집을 객잔과 같이 여기고(바로 『혹문或問』의 '인이 밖에 있다'라는 말의 의미이다.), 이 몸이 늘 스스로 밖에 있는 것이다.(바로 『어록語錄』의 '마음이 밖에 있다'라는 말의 의미이다.) 비록 더러 돌아가는 때가 있지만 끝내 집에 오래 있지 못하고 오자마자 바로 떠나니 대개 그 마음은 밖으로 내달아서 도리어 손님이 되어 있는 상태이다. 이것은 '하루에 한 번이나 한 달에 한 번 이름'에 대한 비유이다.

두 설이 비록 같지 않은 듯하지만 사실은 다른 것이 아니다. 손님이 된 그 사람은 원래 주인인 사람이고, 밖에 있는 그 사람은 원래 안에 있어야 할 그 사람이다. 안에 있어야 하는 것임을 알면 바로 안이 주인인 것이고, 밖에 있다고 규정하니 이 상황은 늘 마음이 밖에 있으면서 손님의 처지로 있는 것이다. 그래서 인이 밖에 있는 것이 아니고 마음이 손님인 것이 아니며, 인은 하나의 실체가 아니고 심은 또 그 자체가 하나의 실체이다. 집은 비록 그 자체로 집이고 사람은 비록 그 자체로 사람이지만 집은 사람을 편안히 지내게 하는 곳이다.

'떠나지 않는다'라는 것은 예컨대 다니는 것도 이 집에서 다니고, 앉는 것도 이 집에서 앉고, 마시고 먹고 지내고 묵는 것을 모두 이 집안에서 해서 필경 이 집이 자신의 것이어서 늘 주인이 되려고 하기에 떠나지 않기 때문이다. '하루에 한 번이나 한 달에 한 번 이른다'라는 것은 비유하자면 앉으려고 할 때라야 빌려서 앉고 자려고 할 때라야 빌려서 잘 뿐이고 얼마 뒤에는 또 떠나기에 단지 하루에 한 번이나 한 달에 한 번 이르기 때문이다.

또 예컨대 공자는 늙은이는 편안히 여기게 하고 어린이는 그리워하게 하였는데, 바로 이 자신의 집에 있어서 혹은 다니고 혹은 앉고 혹은 마시고 혹은 먹고 묵고 눕는 것이 일마다 편안해서 자연히 안에 있으면서 주인이 된 경우이다. 안자顔子는 자신이 선善하다고 자랑하려고 하는 마음이 없고 공로를 뽐내려는 마음이 없게 되고자

하였는데, 바로 이 자신의 집안이 다니기 좋고 앉기 좋다는 것을 알아서 마시고 먹고 묵고 눕는 모든 일마다 거의 편안해져 있고 늘 안에서 주인이 되고자 하는 경우이다. 자로子路는 수레와 말과 가벼운 갖옷을 친구와 공유하고자 하였지만, 그래도 단지 이 집안이 다니기 좋고 앉기 좋고 묵고 자기 좋은 것을 알아서 늘 한 번 이르렀을 뿐이고 어쩔 수 없이 밖에 있으면서 손님이 되어 있는 경우이다.

이것을 통해 인仁의 경지는 지극히 어렵다는 것을 알 수 있다. 인仁을 이루기 위해 노력하고자 하는 자는 모름지기 먼저 인이 안에서 주인이 된다는 이론에 대해서 이해한 뒤에 안과 밖, 주인과 손님을 분별하는 데 마음을 쏟아야 하니, 그렇게 되면 손님인 상태가 편안하지 않아서 안에서 주인이 되려고 희구하게 될 것이 또한 틀림없다.

○論仁用力同異

我欲仁
此見我未見好仁惡不仁者。好仁者成德之要，無以尚之。此言惡不仁者，其為仁矣。其道不同。

仁至矣
此以仁之能近取譬。體言。方言。矣無惡也。

仁者
己欲立而立人
己欲達而達人
此以能近取譬。

富貴不以
此言其道不去，不處於仁。無處不在仁者為，甚於水火。惵於仁而不知。此警民之於仁，不知仁而。

民之於仁
此君非禮勿視，克己復禮為仁之要。
苟志於仁　子小分　非禮勿聽，復禮。
矣無惡也　人分　非禮勿言，為仁。
　　　　　非禮勿動，之要。

為仁由己
此見我未見力不足者。此言力用之。為仁不足者，蓋有之矣，我未之見也。為仁達仁造次無時，當仁不。氣質之必於是，顛沛必於是於仁。此勉。

由人乎哉
實本於己，未之見也。為者不同。沛必於是於仁，讓於師。不勇，仁而不粗知。寫者不勇。

인을 이루기 위한
노력의 같고 다름에 대해 논함

論仁用力同異

인을 행하는 것은
자기로 말미암는 것이지,
남으로부터 말미암겠는가?

이것은 인을 행하는 기틀이
실로 자기 자신에 뿌리를
두고 있음을 보인 것이다.

인(仁)한 사람은 자신이 서고
싶은 생각이 들면 남을 세우고
자신이 진취하고 싶은 생각이
들면 남을 진취시킨다.

이것은
인의 체(體)로
말한 것이다.

내가 인(仁)을 바라면
인이 이른다.

이것을 통해 인을 구하는
요체는 밖에 있지 않다는
것을 알 수 있다.

나는 힘이 부족한
사람을 보지 못하였다.
있기는 하겠지만
나는 보지 못하였다.

이것은 노력을 해나가는 사람의
기질이 같지 않음을 말한 것이다.

능히 가까이에서
행위의 준칙으로
삼을 만한
비유거리를 취한다.

이것은
인의 방법으로 말한 것이다.

나는 인을 좋아하거나
불인(不仁)을 미워하는 자를
보지 못하였다.
인을 좋아하는 자라면
더할 나위가 없고,
불인을 싫어하는 자라도
인을 이룰 수 있다.

이것은 덕을 이룬 자의 실질이
같지 않은 것을 말한 것이다.

밥을 먹는 짧은 순간에도
인을 어기지 않고,
급박한 상황에서도 반드시
이것을 지키고 낭패를 당했을
때도 이것을 지킨다.

이것은 어느 때나
인에 마음이 있지
않은 때가 없는 것이다.

진실로
인에 뜻을 두면
악이 없다.

이것은
군자와 소인이
갈려지는 길이다.

부귀는 적절하지 않은 길로
얻을 경우에는 처하지 않고,
빈천은 적절하지 않은 길로
얻은 경우라도 떠나지 않는다.

이것은 어느 상황이든
인에 머물지 않는 경우가
없다는 것을 보인 것이다.

인한 일을 하는 데 대해서는
스승에게도 양보하지 않는다

이것은 인에 대해 조금 알기는
하지만 용감하게 행하지 못하는
이를 격려한 것이다.

예가 아니면 보지 말고,
예가 아니면 듣지 말고,
예가 아니면 말하지 말고,
예가 아니면 행동하지 말라.

이것은 극기복례가
인의 요체라는 말이다.

사람은 인(仁)이
물과 불보다
더 필요하다

이것은 인의 가치를 알지 못하고
행하기를 꺼려하는 자를
경계한 것이다.

○論仁問答同異

非礼勿視此告

非礼勿聽見

非礼勿言乾司

非礼勿動道馬

顏淵

仁者其言也訒　此惑告

克伐怨欲此但　先難以仁　後獲之心告

出門如見大賓使民悦不告　博施於民求之　此又樊執事敬以仁　與人忠之道

仲如承大祭坤　子之賢友若己　子而能濟衆過而遲

弓己所不欲　居處恭此告　子

己勿施於人道　士之仁之病　貢必也聖乎於仁

恭以　寬以　信之仁　敏之仁　惠　愛人以之施　方

按諸子問爲仁之道者十而樊遲所問者三諸子問而答之各異者因其所問而答之各異者因其所稟之資而啓之也樊遲問而答之各異者因其所異者因其所稟之資而進之也朱子以克己復礼爲乾道主敬行恕爲坤道學之至而進之也朱子以克己復礼爲乾道主敬行恕爲坤道學之學貴淺深高下固可見矣顏冉以下又各因其失而告顏冉之學貴淺深高下固可見矣顏冉以下又各因其失而告

150

인에 대한 질문에
답이 같거나 다른 것에 대해 논함
論仁問答同異

【중궁에게 일러준 내용】

문을 나서면 큰 손님을 만나듯이 하고,
백성을 부릴 때는
큰 제사를 받들 듯이 하라.
자기가 바라지 않는 일은 남에게 하지 말라.

이것은 곤(坤)의 방식을 보인 것이다.

【안연에게 일러준 내용】

예가 아니면 보지 말고,
예가 아니면 듣지 말고,
예가 아니면 말하지 말고,
예가 아니면 행동하지 말라.

이것은 건(乾)의 방식을 보인 것이다.

【자공에게 일러준 내용】

대부 중에서 현능한 이를 섬기고
선비 중에서 어진 이를 벗으로 삼으라.

이것은 자기보다 못한 이를
좋아하는 병폐를 구제한 것이다.

【사마우에게 일러준 내용】

인한 사람은 그 말이 주저주저한다.

이것은 말을 쉽게 하는
잘못을 경계한 것이다.

【자공에게 일러준 내용】

백성들에게 널리 베풀고
사람들을 구제할 수 있다면,
굳이 말하자면 성인일 것이다.

이것은 또 추구하는 것이 지나쳐서
인에 그치지 않는 것이다.

【원헌(原憲)에게 일러준 내용】

'남을 이기려 들거나' '잘난 척하거나'
'분노하거나' '탐욕스러운' 행동을 하지 않으면
어려운 경지에 이르렀다고 할 만하다.

이것은 자신을 지키는 것이 지나치기만 하고
아직 인에 이르지 못한 것이다.

【번지(樊遲)에게 일러준 내용들】

남을 사랑하는 것이다.

이것은 인을 베푸는 방향에
대해 가르친 것이다.

거처할 때는 공손하고
일을 할 때는 신중하고
남과 교류할 때는 충심을 다하라.

이것은 인의 방법으로서
말한 것이다.

먼저 어려운 일을 하고
뒤에 보답을 받으라.

이것은 인한
마음으로서 말한 것이다.

【자장에게 일러준 내용】

공손하고, 너그러우며, 신실하고, 적극적이며, 은혜롭다.

이것은 인을 행하는 방법을 가르쳐 준 것이다.

之然亦無不可為也至於答樊遲居處恭數語程子所謂徹上
徹下初無二語充之則睟面盎背推而達之則篤恭而天下平
蓋自始學至成德皆不過如此但有勉強自然之異耳其答子
張五者之說蓋亦以恭為本而實求仁之要非但為子張言也
學者由此而知用力焉則非但可進於顏冉之地雖仁聖之極
功舉而措之無難矣

按諸子問爲仁之道者十, 而樊遲所問者三。諸子問而答之各
異者, 因其所稟之資而啓之也 ; 樊遲問而答之各異者, 因其所
學之至而進之也。朱子以 '克己復禮' 爲乾道, '主敬行恕' 爲坤
道, 顏、冉之學, 其淺深、高下固可見矣。顏、冉以下, 又各因其
失而告之, 然亦無不可爲也。

至於答樊遲 '居處恭' 數語, 程子所謂 '徹上徹下, 初無二語',
充之, 則晬面盎背, 推而達之, 則篤恭而天下平。蓋自始學至成
德, 皆不過如此, 但有勉強、自然之異耳。

其答子張五者之說, 蓋亦恭爲本, 而實求仁之要, 非但爲子
張言也。學者由此而知用力焉, 則非但可進於顏冉之地, 雖仁、
聖之極功, 舉而措之, 無難矣。

살피건대, 여러 제자들이 인을 실천하는 방법과 관련하여 질문
한 것이 열 번이고, 번지樊遲가 질문한 것이 세 번이다. 여러 제자들
이 물은 것에 대해 대답한 것이 각각 다른 까닭은 질문자가 품부받
은 자질에 근거해서 계발한 것이고, 번지가 질문한 것에 대해 대답
한 것이 각각 다른 까닭은 그의 학문이 도달한 정도를 근거로 해서
그를 진취시킨 것이다. 주자朱子는 극기복례克己復禮를 건乾의 방식
이라고 하였고, 경敬을 위주로 하고 서恕를 행하는 것을 곤坤의 방식
이라고 했는데, 안연顏淵과 염옹冉雍(자字는 중궁仲弓)의 학문에 대해
그 깊은지 얕은지, 높은지 낮은지를 당연히 볼 수 있다. 안연과 염
옹 이하에 대해서는 또 각각 그들의 잘못된 점에 근거하여 일러 주

사
서
장
도
은
팔
총
오

었지만, 또한 하지 못할 것이 없다.

번지에게 대답하며 일러 준 '거처할 때는 공손하고' 등의 몇 구절에 대해서는 정자程子가 '위로부터 아래까지 모든 것을 아우르는 말이니, (성인은) 애초에 서로 다른 두 말이 있지 않다.'라고 설명하였다.[66] 이것을 확충하면 좋은 기운이 얼굴에 함치르르하게 흐르고 등에 가득하게 드러날 것이고, 이것을 미뤄서 온전히 발달시키면 자신은 그냥 순후하고 공손하게 지내고 있는데 천하가 저절로 평안해지게 될 것이다. 대개 학문을 시작할 때부터 덕을 이루는 데 이르기까지 모두 이와 같은 것에 지나지 않는다. 단지 억지로 노력을 기울여 간 것이냐 자연스럽게 이루어진 것이냐의 차이가 있을 뿐이다.

자장子張에게 대답하며 일러 준 다섯 가지의 내용은 대개 또한 그중에서 공손함[공恭]을 근본으로 삼는 것이고 이것이 실로 인한 사람이 되는 데 있어 요체이니 단지 자장에게만 말해 준 것이 아니다. 배우는 이들이 이것으로 말미암아 노력을 기울일 줄 알게 되면 단지 안연과 염옹의 경지까지 나아가는 데 그치는 것이 아니라 인자仁者와 성인聖人의 궁극적 공업功業까지도 실현해 내기에 어려움이 없을 것이다.

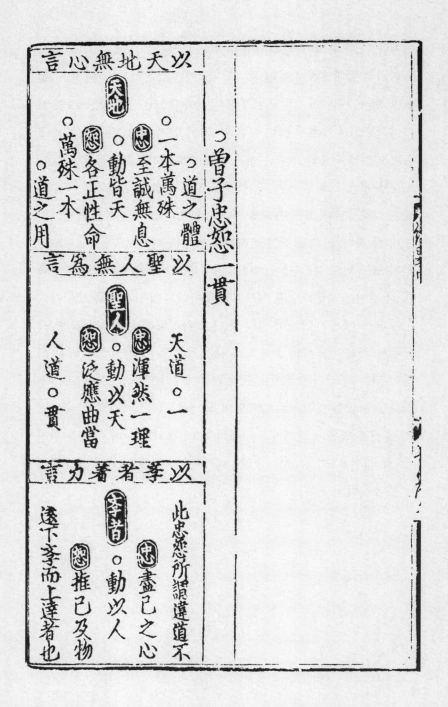

○曾子忠恕一貫

○此忠恕所謂違道不遠下孝而上達者也

以天地無心言
○道之體
一本萬殊
【忠】○至誠無息
【天地】○動皆天
【恕】各正性命
萬殊一本
○道之用

以聖人無為言
天道。一
【忠】○渾然一理
【聖人】○動必天
【恕】泛應曲當
人道。○貫

以孝者著力言
此忠恕所謂違道不
【忠】○盡己之心
【孝者】○動以人
【恕】推己及物
遠下孝而上達者也

증자의 '충서'가 하나로 관통하는 것이라는 설명에 대하여

曾子忠恕一貫

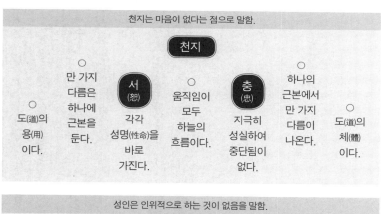

천지는 마음이 없다는 점으로 말함.

천지

○ 도(道)의 용(用)이다.

○ 만 가지 다름은 하나에 근본을 둔다.

서(恕) 각각 성명(性命)을 바로 가진다.

○ 움직임이 모두 하늘의 흐름이다.

충(忠) 지극히 성실하여 중단됨이 없다.

○ 하나의 근본에서 만 가지 다름이 나온다.

○ 도(道)의 체(體)이다.

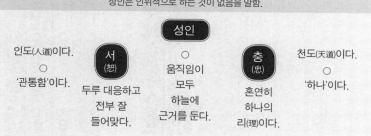

성인은 인위적으로 하는 것이 없음을 말함.

성인

인도(人道)이다.
○ '관통함'이다.

서(恕) 두루 대응하고 전부 잘 들어맞다.

○ 움직임이 모두 하늘에 근거를 둔다.

충(忠) 혼연히 하나의 리(理)이다.

천도(天道)이다.
○ '하나'이다.

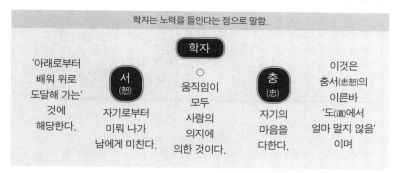

학자는 노력을 들인다는 점으로 말함.

학자

'아래로부터 배워 위로 도달해 가는' 것에 해당한다.

서(恕) 자기로부터 미뤄 나가 남에게 미친다.

○ 움직임이 모두 사람의 의지에 의한 것이다.

충(忠) 자기의 마음을 다한다.

이것은 충서(忠恕)의 이른바 '도(道)에서 얼마 멀지 않음'이며

按天地忠恕是程子說聖人忠恕是曾子說學者忠恕是子思
說論忠恕名義自合諔子思說違道不遠者方是曾子把說聖
人却是移上一階到程子把說天地又是移上一階緣聖人本
自不可說是忠恕曾子假借來說故朱子於曾子忠恕則訓盡
己之謂忠推己之謂恕於子思忠恕則訓盡己之心為忠推己
及物為恕如此看得天地是簡無心底忠恕聖人是簡無為底
忠恕學者是簡著力底忠恕聖人則動以天學者則動以人也

按天地忠恕是程子說, 聖人忠恕是曾子說。論忠恕名義, 自合依子思說 "違道不遠" 者, 方是。曾子把說聖人, 卻是移上一階, 到程子把說天地, 又是移上一階。

緣聖人本自不可說是忠恕, 曾子假借來說, 故朱子於曾子忠恕, 則訓 "盡己之謂忠, 推己之謂恕", 於子思忠恕, 則訓 "盡己之心爲忠, 推己及物爲恕"。

如此看得, 天地是個無心底忠恕, 聖人是個無爲底忠恕, 學者是個著力底忠恕。聖人則動以天, 學者則動以人也。

살피건대 천지의 충서忠恕는 정자程子가 말한 것이고,[67] 성인聖人의 충서는 증자曾子가 말한 것이다.[68] 충서의 개념에 대해 말한다면 당연히 자사子思의 설명인 '도道를 벗어난 것이 멀지 않다'라는 규정에 의거해야만 옳다.[69] 증자曾子가 그것을 성인의 경지로 말한 것은 사실 한 단계 위로 끌어올린 것에 해당하며, 정자程子가 그것을 천지의 경지로 말한 것은 또 한 단계 더 끌어올린 것이다.

성인聖人의 경지에 대해서는 본래 '충서'라고 말할 수 없는데 증자가 그것을 빌어서 (성인의 경지를) 설명하였기 때문에 주자朱子는 증자가 말한 이 충서에 대해서는 "자신을 다한 것을 충忠이라고 하고, 자신으로부터 미뤄 가는 것을 서恕라고 한다."라고 풀이하고, 자사가 말한 충서에 대해서는, "자신의 마음을 다하는 것이 충이고, 자신으로부터 미뤄 나가 남에게 미치는 것이 서이다."라고 풀이하였다.

四書章圖

陳櫟總要

이와 같이 본다면 천지는 아무 의도가 없는 충서이고, 성인은 인위가 없는 충서이며 학자는 노력을 기울여 가는 충서이다. 성인은 하늘에 근거하여 움직이고, 학자는 사람의 의지에 근거하여 움직인다.

顏子知行兼盡

請問其目

瞻前在後

言無不說

博我以文

終日不違

所立卓爾

（知）

既竭吾才

亦足以發

約成以禮

語之不惰

諸事斯語

（行）

仰高鑽堅

自終日不違以下皆
知之事也所立卓爾
則知之至矣自亦足
以發以下皆行之事
己既竭吾才則行之
至矣此顏子所以知
行兼盡夫聖一間也

162

안자는 지와 행이
모두 완벽함에 대하여
顔子知行兼盡

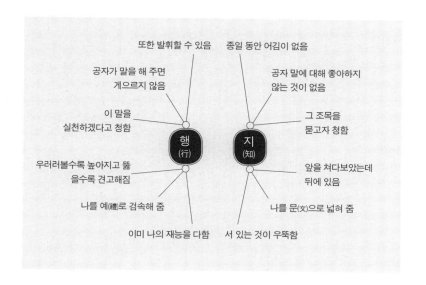

```
또한 발휘할 수 있음          종일 동안 어김이 없음

공자가 말을 해 주면                    공자 말에 대해 좋아하지
계으르지 않음                          않는 것이 없음

이 말을                                    그 조목을
실천하겠다고 청함                          묻고자 청함
                    행        지
                   (行)      (知)
우러러볼수록 높아지고 뚫                    앞을 쳐다보았는데
을수록 견고해짐                            뒤에 있음

나를 예(禮)로 검속해 줌              나를 문(文)으로 넓혀 줌

    이미 나의 재능을 다함    서 있는 것이 우뚝함
```

自 "終日不違" 以下, 皆知之事也, "所立卓爾", 則知之至矣 ; 自 "亦足以發" 以下, 皆行之事, "已竭吾才", 則行之至矣。

사서장도는 팔촌으

此顔子所以知行兼盡, 去聖一間也。

'종일 동안 어김이 없음' 이하는 모두 '지知'에 속하는 일이다. '서 있는 것이 우뚝함'은 '지'의 지극함이다. '또한 발휘할 수 있음' 이하는 모두 '행'에 속하는 일이다. '이미 나의 재능을 다함'은 '행'의 지극함이다. 이것은 안자顔子가 '지'와 '행'을 모두 완벽히 할 수 있어 성인과의 거리가 한 꺼풀뿐인 까닭이다.

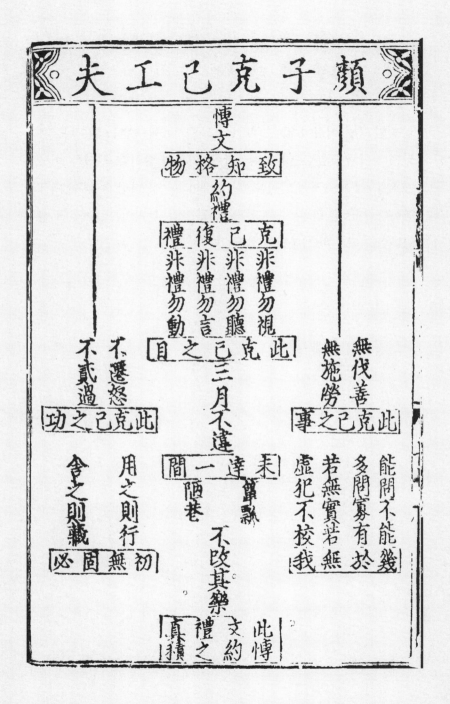

안자의 극기 공부에 대하여
顔子克己工夫

박문(博文)

격물(格物) · 치지(致知)

약례(約禮)

극기복례

'예'가 아니면 보지 말고' '예'가 아니면 듣지 말고' '예'가 아니면 말하지 말고' '예'가 아니면 행동하지 말라'

이것은 극기(克己)의 조목이다.

분노를 옮기지 않고, 같은 잘못을 두 번 범하지 않음.

이것은 극기의 성과이다.

선을 자랑하지 뽐내지 않고 공로를 자랑하지 않음.

이것은 극기의 일이다.

등용되면 실행하고 내쳐지면 거두어들임.

석 달 동안 떠나지 않음

한 꺼풀 이르지 못한 것이다.

능하면서 능하지 못한 이에게 묻고, 많으면서 적은 이에게 물으며, 있으면서 없는 이에게 묻고, 속이 가득 차 있으면서 속이 빈 이에게 물으며, 남이 범하더라도 따지지 않음.

'나'를 내세우는 것이 없는 경지에 거의 가까움.

애초에 고집이나 기필하는 것이 없음.

한 광주리 밥과 한 바구니 물로 누추한 골목에서 살면서도 그 즐거움을 고치지 않음.

이것은 박문약례(博文約禮)의 진정한 성과이다.

言行要切

信　謹

　而後從之
　愼言其餘
愼言其餘
敏於事
先行其言
愼行其餘
恥躬不逮
言之不出

行　審

觀其行
敏於行
顧其行
為之也難

聽其言
訥於言
恥其言
其言不怍

忠信　篤敬

按論語孔子言言行者凡十大抵皆以愼言為戒以力行為主

但自首篇說簡謹而信三字到中間說訥說愼說先說後說恥

說過都不曾有簡把捉工夫直對子張問行却說出簡言忠信

行篤敬六字正是學者用力之地故程子曰學要鞭辟近裏著

己而巳博學而篤志切問而近思言忠信行篤敬立則見其參

於前在輿則見其倚何於衡只此是學質美者明得盡查滓便渾

언행의 요체
言行要切

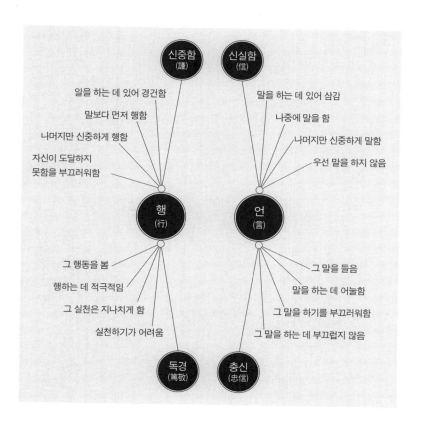

化却與天地同體其次惟莊敬以持養之及其至則一也程子

此言正是學者切緊工夫其曰只此是學只爭箇做得徹與不

徹爾

按『論語』孔子言言行者凡十, 大抵皆以放言爲戒, 以力行
爲主。但自首篇說個 "謹而信" 三字, 到中間說訥、說愼、說先、
說後、說恥、說過, 都不曾有個把捉工夫, 直對子張問行, 卻說
出個 "言忠信、行篤敬" 六字, 正是學者用力之地。

故程子曰 : "學要鞭辟近裏著己而已。博學而篤志, 切問而
近思, 言忠信, 行篤敬, 立則見其參於前、在輿則見其倚於衡。
只此是學。質美者明得盡, 查滓便渾化, 卻與天地同體。其次
惟莊敬以持養之, 及其至則一也。"

程子此言, 正是學者切緊工夫。其曰 "只此是學", 只爭個做
得徹與不徹爾。

살피건대『논어論語』에 공자가 '언행言行'에 대해 말한 것은 모두
열 번인데, 대체로 모두 말을 함부로 하는 것을 경계하고 힘써 실
천하는 것을 위주로 하였다. 다만 첫 편에서 '삼가고 신실함'을 말
한 것에서부터 중간에 '어눌함'을 말하고 '삼감'을 말하며, '먼저 함'
을 말하고 '뒤에 함'을 말하며, '부끄러워 함'을 말하고 '과도하게 함'
을 말한 데 이르기까지 모두 손에 쥘 수 있는 공부의 내용을 말한
적이 없다가 자장子張이 '행行에 대해 질문한 것에 대답할 때가 비로
소 "말은 신실하게 하고 행동은 경건하게 하라[言忠信、行篤敬]"라는 표
현을 사용하였는데 이것이 바로 배우는 이들이 노력을 기울여야 할
구체적인 내용이다.

그래서 정자程子는 "배움이란 내면으로 몰아서 자신에게 붙게 해

四書章圖

陳栢總要

야 할 뿐이다. 널리 배우고 독실히 뜻을 두며, 절실히 묻고 비근한 일을 통해 사색하며, 말을 신실하게 하고 행동을 경건하게 하며, 서 있을 때는 충신忠信이 자기 앞에 함께 하고 있음을 보고, 수레에 타고 있을 때는 충신이 눈앞의 멍에에 기대 있음을 보아야 한다.[70] 단지 이것이 학문이다. 자질이 아름다운 이는 인식하는 능력이 완벽해서 인식을 방해하는 마음의 장애가 완전히 없어지므로 천지와 한 몸이 되는 것이고, 그 다음의 자질을 가진 사람은 오직 장중하고 경건한 실천을 통해 지키고 길러야 하는데, 완성에 이르게 되면 한 가지이다."라고 하였다.

정자의 이 말은 바로 학자들에게 있어 절실한 공부의 내용이다. 그는 "단지 이것이 배움이다"라고 하였는데, 그 단지 실천을 철저히 하느냐 철저히 하지 않느냐에 달렸을 뿐이라는 의미이다.

○論知行先後 此朱子荅吳晦叔書按文全集不載

伏承示及先知後行之說反覆詳明引據精密甚愛發多矣所未

能無疑者請得而論之夫泛論知行之理而就一事之中以觀

之則知之為先行之為後無可疑者易文言所謂知至至之知

終終之之類是也 孟子所謂知皆擴而充之繹如有路繹得光照然合夫知之淺

深行之小大而言則非有以成乎其小亦將何以馴致乎其大

者哉易文言所謂知至至之皆在忠信修辭之後是也 人之懼

弟誠敬之實及其少長而博之以詩書禮樂之文皆所以使之

即夫一事一物之間各有以知夫義理之所在而致涵養踐履

174

지와 행의 선후를 논함
論知行先後

이것은 주자의 『오회숙에게 답하는 편지』인데, 『대전집』에는 실려 있지 않다.[71]

此朱子『答吳晦叔書』,『大全集』不載

伏承示及先知後行之說, 反覆詳明, 引據精密, 警發多矣。所未能無疑者, 請得而細論之。

泛論知行之理, 而就一事之中以觀之, 則知之爲先, 行之爲後, 無可疑者。『易‧文言』所謂"知至至之, 知終終之"之類, 是也。(如孟子所謂 "知皆擴而充之"、程子所謂 "譬如行路須得光照")

然合夫知之淺深、行之大小而言, 則非有以成乎其小, 亦將何以馴致乎其大者哉?『易‧文言』所言 "知至"、"知終" 皆在 "忠信"、"修辭" 之後之類, 是也。(子夏敎人以灑掃應對進退爲先, 程子所謂 "未有致知而不在敬者")

蓋古人之敎, 自其孩幼而敎之以孝悌誠敬之實, 及其少長而博之以詩書禮樂之文, 皆所以使之卽夫一事一物之間, 各有以知其義理之所在, 而致涵養踐履之功也。(此小學之事知之淺而行之小者也) 及其十五成童, 學於大學, 則其灑掃應對之間、禮樂

之功也此小學之事始之小者也又其十五成童學於大學則其洒掃

應對之間禮樂射御之際所以涵養踐履之者略已小成矣於

是不離乎此而教之格物以致其知焉致其知者因其所已知

推而致之以又其所未知者而極其至也是必至於舉天地萬

物之理而一以貫之然後為知之至而所謂誠意正心脩身齊

家治國平天下者至是而無所不盡其道焉深而行之大者也

今就其一事之中論之則先知後行固各有其序矣誠欲因夫

小學之成以進乎大學之始則非涵養踐履之有素亦豈能居

然以夫雜亂紛糾之心而格物以致其知哉且易之所謂忠信

脩辭者聖學之實事貫始終而言者也以其淺而小者言之則

自其常視毋誑男唯女俞之時固已知而能之矣知至至之則

由行此而又知其所至也此知之深者也知終終之則由知至

而又進以終之也此行之大者也故大學之書雖以格物致知

射禦之際所以涵養踐履之者, 略已小成矣。於是, 不離乎此而敎之格物以致其知焉。致知云者, 因其所已知, 推而致之, 以及其所未知者, 而極其至也。是必至於擧天地萬物之理而一以貫之, 然後爲知之至, 而所謂誠意、正心、修身、齊家、治國、平天下者, 至是而無所不盡其道焉。(此大學之道知之深而行之大者也)

今就其一事之中而論之, 則先知後行, 固各有其序矣。誠欲因夫小學之成, 以進乎大學之始, 則非涵養履踐之有素, 亦豈能居然以夫雜亂紛糾之心而格物以致其知哉?

且『易』之所謂 "忠信" "修辭" 者, 聖學之實事, 貫始終而言者也。以其淺而小者言之, 則自其 "常視毋誑" "男唯女兪" 之時, 固已知而能之矣。"知至至之", 則由行此而又知其所至也, 此知之深者也; "知終終之", 則由知至而又進以終之也, 此行之大者也。

故『大學』之書, 雖以格物致知爲用力之始, 然非謂初不涵養履踐而直從事於此也, 又非謂物未格知未至, 則意可以不誠, 心可以不正, 身可以不修, 家可以不齊也。但以爲必知之至, 然後所以治己治人者, 始有以盡其道耳。若曰必俟知至而後可行, 則夫事親、從兄、承上、接下乃人生之所不能一日廢者, 豈可謂吾知未至而暫輟, 以俟其至而後行哉? (五峯作『履齋記』有 "立志居敬, 身親格之" 之說, 蓋深得乎此者。但『知言』所論, 於知之淺深, 不甚區別, 而一以 "知先行後" 槪之, 則有所未安耳)

抑聖賢所謂知者, 雖有淺深, 然不過如前所論二端而已。但

為用力之始然非謂初不涵養踐覆而直從事於此也又非謂
物未格知未至則意可以不誠心可以不正身可以不修家可
以不齊也但以為必知之至然後所以治己治人者始有以盡
其道耳若曰必後知至而後可行則夫事親從兄承上接下乃
人生之所不能一日發者豈可謂吾知未至而暫輟以俟其至
而後行哉五峯作履前課有立志居敬身心糊格之說師
知先後此者但知言所論於知之淺深不甚別師
之有新安曰抑聖賢所論知者雖有淺深然不過如前所論二
端而已但至於廓然貫通則內外精粗自無二致非如來教又
前後所論觀過知仁者乃於方寸之間設為機械欲因觀彼而
反識乎此也如此意甚南轅而所謂知派事者恐亦未免此病也
又來諭所謂端謹以致知所謂克己私集眾理者又似有以行
為先之意而所謂在乎兼進者又若致知力行初無先後之分
也凡此皆鄙意所深疑故敢復以求教幸深察之

178

至於廓然貫通, 則內外精粗自無二致, 非如來敎及前後所論
"觀過知仁" 者, 乃於方寸之間, 設爲機械, 欲因觀彼而反識乎
此也。(侯子所闢 "總老默而識之, 是識甚底" 之言, 正是說破此意。如南軒
所謂 "知底事" 者, 恐亦未免此病也)

又來諭所謂 "端謹以致知"、所謂 "克己私、集衆理" 者, 又似
有以行爲先之意, 而所謂 "在乎兼進" 者, 又若致知、力行初無
先後之分也。

凡此皆鄙意所深疑, 故敢復以求敎。幸深察之。

삼가 보내신 서신의 '먼저 알고 뒤에 실천한다'와 관련한 말씀은
읽어 보니, 반복해서 상세히 밝혔고 근거제시가 정밀해서 저를 깨
우친 것이 많았습니다. 그중 의문스러움이 없을 수 없는 부분에 대
해서는 세세하게 논해 보고자 합니다.

지와 행이라는 개념을 범범하게 논하고 하나의 일을 대상으로
하여 살펴본다면 아는 것이 먼저이고 행하는 것이 뒤라는 것은 의
심할 것이 없습니다. 『역易·문언文言』의 이른바 "지극한 곳을 알아
서 거기에 이르고 종극적인 곳을 알아서 거기까지 마친다."라는 말
들이 이 사례입니다. (예를 들어 맹자의 이른바 '알아서 전부 확대하여 채
운다'라는 말이나 정자程子의 이른바 '비유하자면 길을 갈 때 먼저 빛으로 비
춰야 한다.'라는 말)

하지만 앎의 얕고 깊음과 행의 크고 작음을 합쳐서 말한다면, 그
작은 것을 완성하지 않은 상태에서는 또한 장차 어떻게 큰 것을 이

룰 수 있겠습니까?『역·문언』에서 말한 '지극한 곳을 안다'와 '종극적인 곳을 안다'라는 구절이 모두 '충신忠信을 이루다'와 '말을 가다듬다'라는 구절의 다음에 놓여 있는 것 등이 그 사례입니다.[72](자하子夏가 사람을 가르칠 때 물 뿌리고 쓸며 응하고 대답하며 나아가고 물러나는 것을 먼저 하였던 것과 정자程子의 이른바 '앎을 온전히 이루었는데 경敬을 기반으로 하지 않은 경우는 없었다.'라는 구절) 대개 옛 사람들의 교육은 어린아이 때부터 효도와 공손, 성실함과 경건함 같은 실질적인 것을 가르치고, 조금 자라게 되면『시詩』·『서書』·『예禮』·『악樂』의 경전들로 식견을 넓혀 주었으니, 모두 그들로 하여금 하나하나의 사물에 나아가서 각각 그 의리義理의 소재를 인식하고 그런 뒤에 함양하고 실천하는 공부를 해 나가도록 하기 위해서였습니다.(이것은 소학小學의 일로서 앎의 얕은 것과 행의 작은 것에 해당됩니다.) 열다섯 살의 다 자란 동년童年이 되어 대학大學에서 배울 때가 되면, 그 물 뿌리고 쓸며 응하고 대답하는 일들이나 예禮·악樂·사射(활쏘기)·어禦(수레몰기)의 활동들 속에서 함양하고 실천하였던 것들이 대략 작은 결실을 거둔 상태이니, 이를 토대로 삼아 그들에게 '사물에 나아가 끝까지 연구하여 자신들의 앎을 온전히 이뤄가도록' 가르칩니다. '앎을 온전히 이룬다'라는 말은 그 이미 알고 있는 바를 토대로 앎의 능력을 단계적으로 발전시켜 자신이 알지 못하였던 데까지 확대하여 그 궁극적 한계까지 이룬다는 뜻입니다. 이것은 반드시 천지 만물의 이치를 모두 하나로 꿰뚫는 데까지 이르러야만 앎이 지극해진 것이라고 할 수 있습니다. 그리고 이른바 '성의誠意·정심正心·수신修身·제가齊家·치국治國·평천하平天下'라는 것이 이 단계에 이르러 그 내용이 온전히 구현되지 않는 것이 없게 됩니다.(이것은 대학의 도道이며 앎의 깊은 것이고 행의 큰 것에 해당합니다.)

지금 어떤 한 가지 일을 대상으로 해서 말한다면야 먼저 알고 난 뒤에 행하는 것은 진실로 각각 순서가 있습니다. 하지만 참으로 소학小學의 성취를 토대로 대학의 출발점으로 들어서려고 할 경우에는 함양하고 실천하는 것이 바탕이 되지 않는다면 또한 어떻게 그 뒤섞이고 어지러운 마음으로 슬며시 사물의 이치를 끝까지 연구하여 그 앎을 온전히 이룰 수 있겠습니까. 또 『역易』의 이른바 '충신忠信을 이룸'과 '말을 다듬음[修辭]'은 성인聖人이 되기 위한 학문의 실제적인 내용이니 처음부터 끝까지를 관통해서 말한 것입니다. 그중 얕고 작은 것으로 말하자면, "이런 규범(충신을 이룸과 말을 다듬음)은 거짓말을 해서는 안 된다는 것을 늘 보여 주는" 교육을 받고 "남자는 '유唯'라고 대답하고 여자는 '유兪'라고 대답하도록" 교육받았을 때[73] 진실로 이미 알고 행할 수 있는 일입니다. '지극한 곳을 알아서 거기에 이른다'는 것은 이런 규범을 실천하고서는 또 그 지극한 내용까지 안다는 의미이니, 이것은 앎의 깊은 것에 해당합니다. '종극적인 곳을 알아서 거기까지 마친다'라는 것은 지극한 내용이 무엇인지 아는 것을 토대로 그 일까지 마친다는 의미이니, 이것은 행의 큰 것에 해당합니다.

그래서 『대학大學』이라는 책에서는 비록 '사물의 이치를 끝까지 연구하고 앎을 온전히 이루는 일[格物致知]'을 학문의 힘을 쏟는 출발점으로 설정하고 있지만, 애초에 함양하고 실천하지도 않은 채 곧장 여기에 종사한다는 뜻은 아니었습니다. 또 사물의 이치가 아직 끝까지 탐구되지 못하고 앎이 아직 온전히 이루어지지 않은 상태에서는 '의지를 성실히 하지 않아도 되고, 마음을 바르게 하지 않아도 되고, 몸을 수양하지 않아도 되고, 집안을 가지런히 하지 않아도 된다'라는 뜻이 아닙니다. 단지 반드시 앎이 지극해진 뒤에야 자기를 다스리고 남을 다스리는 데 필요한 일들이 비로소 온전하게 다 이루어지게 된다는 의미일 뿐입니다. 만약 '반드시 앎이 다 이루어지기를 기다린 뒤에야 행할 수 있다고 한다면, 부모를 잘 섬기고 형을 잘 따르며 윗사람을 섬기고 아랫사람을 돌보는 일은 사람이 살아가면서 하루도 하지 않을 수 없는 일인데 어찌 내 앎이 아직 완전하지 못하니 잠시 중지하였다가 앎이 완전해지기를 기다려서 행하겠다고 할 수 있겠습니까?(오봉五峯이 「이재기履齋記」를 지을 때는 "뜻을 세우고 평소 늘 경敬을 유지하며 몸으로 직접 끝까지 알아 나간다[立志居敬, 身親格之]'라는 말을 하였는데,"⁷⁴ 대개 이런 도리를 깊이 알고 있었던 것입니다. 다만 『지언知言』에서 논한 바는 앎의 얕음과 깊음에 대해 그다지 구별을 하지 않고 일괄적으로 앎이 먼저이고 행이 뒤라고 개괄하였으니 온당치 못한 점이 있습니다.)

게다가 성현의 이른바 '앎'이란 비록 얕고 깊음의 차이가 있지만 앞서 논한 두 가지를 벗어나지 않습니다. 다만 확 트이게 관통하게 되면 안과 밖, 정밀함과 거침이 저절로 다름이 없게 됩니다. 보내신 편지나 전후로 논한 '잘못을 보고 인仁을 안다[觀過知仁]'와 관련한 견해는 마음속에다 미리 목표를 세워 놓고 저것을 보는 것을 통하여 돌이켜 이것을 알려고 하는 방식입니다. (후자侯子가 비판하였던 바 '총로總老는 묵묵히 안다고 하였는데 무엇을 안다는 것인가?'라는 말이 바로 이 의미를 설파한 것입니다.[75] 남헌南軒의 이른바 '앎의 일'이라는 표현 같은 것도 아마도 또한 이 병통을 면하지 못한 것 같습니다.)[76]

또 보내신 편지의 이른바 '단정하고 신중한 태도로 앎을 온전히 이뤄 간다'라는 것이나 이른바 '자신의 사욕을 이기고 여러 이치를 수집한다'라는 것은 또 행을 앞에 두는 의미가 있는 것 같고, 이른바 '함께 진전시키는 데 있다'라는 말은 또 치지致知와 역행力行에 대해 애초에 앞뒤의 구분을 하지 않는 것 같습니다.

이런 말들은 모두 제가 깊이 의문스럽게 여기는 바입니다. 그래서 감히 다시 가르침을 구합니다. 깊이 살펴주시기를 바랍니다.

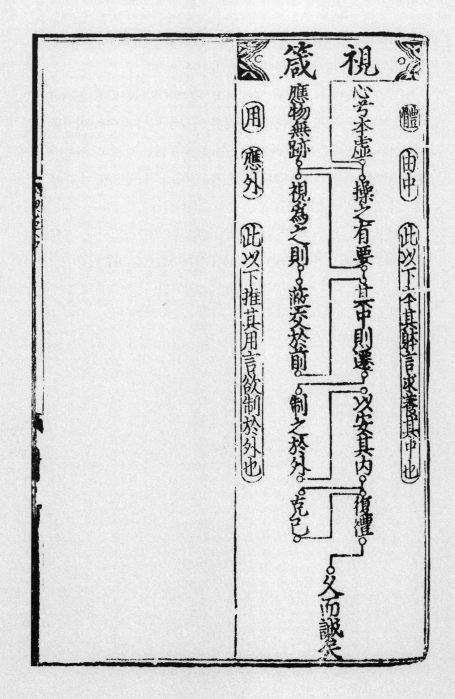

〇

視箴

體　由中　此以上全其體言求養其中也

用　應外　此以下推其用言欲制於外也

心兮本虛。操之有要。其中則遷。以安其內。復禮。

應物無跡。視爲之則。蔽交於前。制之於外。克己。

久而誠矣

184

사물잠
四勿箴

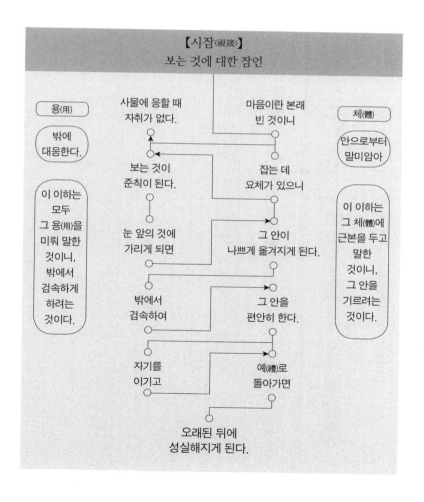

【시잠(視箴)】
보는 것에 대한 잠언

용(用)

밖에
대응한다.

이 이하는
모두
그 용(用)을
미뤄 말한
것이니,
밖에서
검속하게
하려는
것이다.

사물에 응할 때
자취가 없다.

보는 것이
준칙이 된다.

눈 앞의 것에
가리게 되면

밖에서
검속하여

자기를
이기고

마음이란 본래
빈 것이니

잡는 데
요체가 있으니

그 안이
나쁘게 옮겨지게 된다.

그 안을
편안히 한다.

예(禮)로
돌아가면

체(體)

안으로부터
말미암아

이 이하는
그 체(體)에
근본을 두고
말한
것이니,
그 안을
기르려는
것이다.

오래된 뒤에
성실해지게 된다.

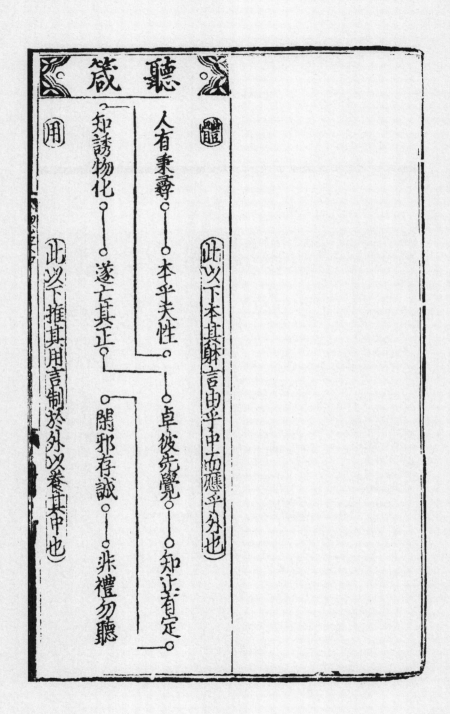

聽箴

○體

（此以下本其體言由乎中而應乎外分也）

人有秉彝。—○—。本乎天性。—○—。卓彼先覺。—○—。知止有定。

知誘物化。—○—。遂亡其正。—○—。閑邪存誠。—○—。非禮勿聽

○用

（此以下推其用言制於外以養其中也）

【청잠(聽箴)】
듣는 것에 대한 잠언

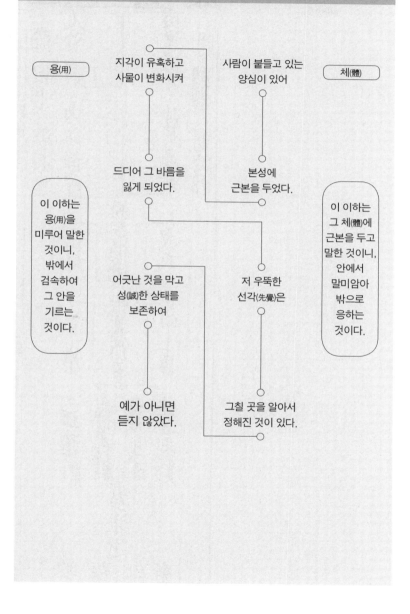

용(用)

체(體)

지각이 유혹하고
사물이 변화시켜

사람이 붙들고 있는
양심이 있어

드디어 그 바름을
잃게 되었다.

본성에
근본을 두었다.

이 이하는
용(用)을
미루어 말한
것이니,
밖에서
검속하여
그 안을
기르는
것이다.

이 이하는
그 체(體)에
근본을 두고
말한 것이니,
안에서
말미암아
밖으로
응하는
것이다.

어긋난 것을 막고
성(誠)한 상태를
보존하여

저 우뚝한
선각(先覺)은

예가 아니면
듣지 않았다.

그칠 곳을 알아서
정해진 것이 있다.

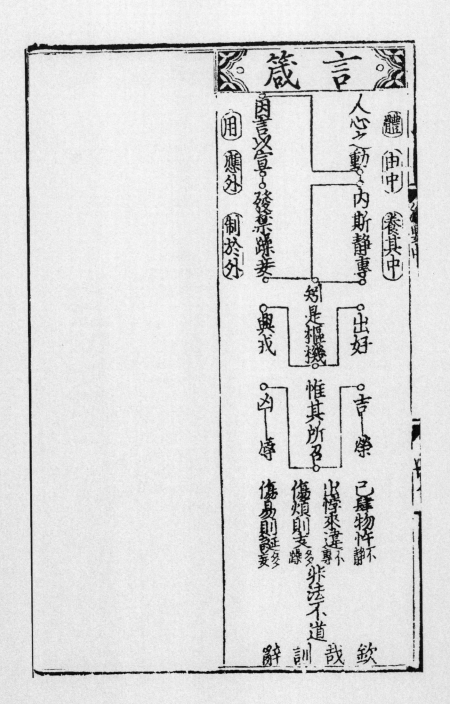

箴言

體（由中）（養其中）
用（應外）（制於外）

人心之動、内斯靜專。
因言以宣。發禁躁妄。

怒是樞機。惟其所召。

出好　興戎

吉　凶

樂　憯

己舉物忤靜不　出悖來違不專　傷煩則支蹂多　傷易則誣妄多

欽　哉　訓　辭

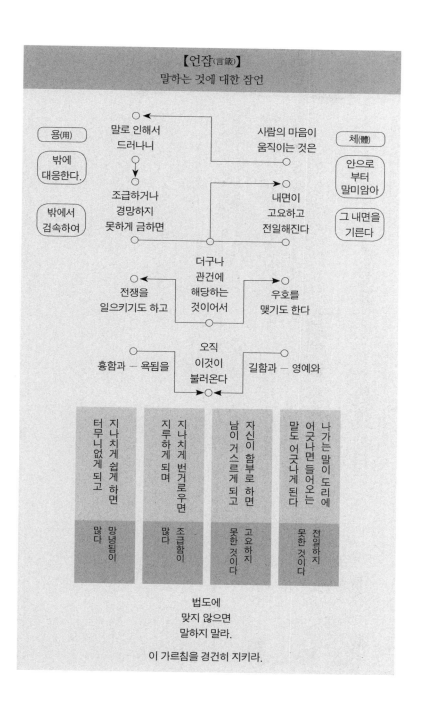

【언잠(言箴)】
말하는 것에 대한 잠언

용(用)

밖에 대응한다.

밖에서 검속하여

말로 인해서 드러나니

조급하거나 경망하지 못하게 금하면

사람의 마음이 움직이는 것은

내면이 고요하고 전일해진다

체(體)

안으로부터 말미암아

그 내면을 기른다

더구나 관건에 해당하는 것이어서

전쟁을 일으키기도 하고

우호를 맺기도 한다

흥함과 — 욕됨을

오직 이것이 불러온다

길함과 — 영예와

나가는 말이 도리에 어긋나면 들어오는 말도 어긋나게 된다

자신이 함부로 하면 남이 거스르게 되고

지나치게 번거로우면 지루하게 되며

지나치게 쉽게 하면 터무니없게 되고

전일하지 못한 것이다

고요하지 못한 것이다

조급함이 많다

망녕됨이 많다

법도에 맞지 않으면 말하지 말라.

이 가르침을 경건히 지키라.

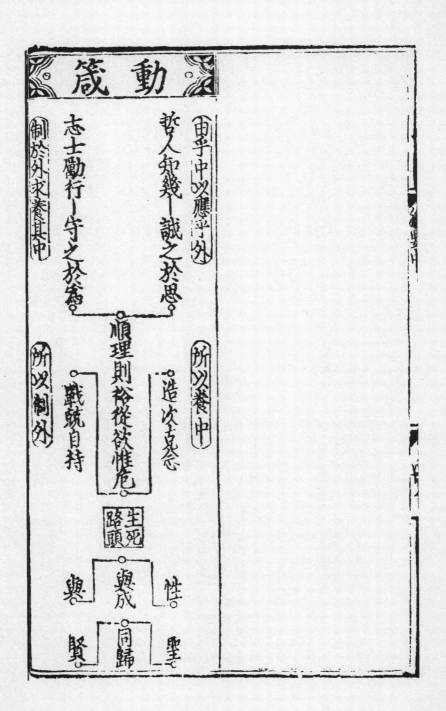

動箴

哲人知幾—誠之於思。

志士勵行—守之於爲。

甲乎中以應乎外

制於外求養其中

所以養中

順理則裕從欲惟危。

造次克念

戰兢自持

所以制外

生死路頭

與成

同歸

性

聖乎

與

賢

【동잠(動箴)】
행동에 대한 잠언

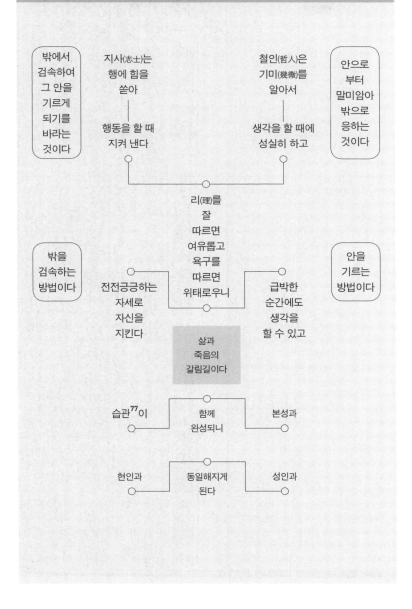

밖에서 검속하여 그 안을 기르게 되기를 바라는 것이다

지사(志士)는 행에 힘을 쏟아

행동을 할 때 지켜 낸다

철인(哲人)은 기미(幾微)를 알아서

생각을 할 때에 성실히 하고

안으로 부터 말미암아 밖으로 응하는 것이다

리(理)를 잘 따르면 여유롭고 욕구를 따르면 위태로우니

밖을 검속하는 방법이다

전전긍긍하는 자세로 자신을 지킨다

안을 기르는 방법이다

급박한 순간에도 생각을 할 수 있고

삶과 죽음의 갈림길이다

습관[77]이

함께 완성되니

본성과

현인과

동일해지게 된다

성인과

視聽言動四者皆身之用而心則其體也故程子四箴視以心

言而聽雖曰本乎天性其所謂知止有定知誘誘造次克念戰兢

本於心言以心言而動距曰習與性成其所謂造次克念戰兢

自持者則亦皆主於心程子曰由乎中而應乎外制於外所

養其中朱夫子以為四箴之說發明灝切學者尤宜深玩所謂

一棒一條痕一摑一掌血儻以等閒視之則何益矣因為圖以

示初學云

視聽言動四者, 皆身之用, 而心則其體也。故程子『四箴』視
以心言, 而聽雖曰 “本乎天性”, 其所謂“知止有定”、“知誘物化”
者, 則莫不本於心；言以心言, 而動雖曰“習與性成”, 其所謂
“造次克念”、“戰兢自持” 者, 則亦皆主於心。程子曰：“由乎中
而應乎外, 制於外, 所以養其中。”

　　朱夫子以爲四箴之說, 發明親切, 學者尤宜深玩。所謂 “一
棒一條痕, 一摑一掌血”。倘以等閑視之, 則何益矣！因爲圖以
示初學云。

　　보고, 듣고, 말하고, 행동하는 이 네 가지는 모두 몸의 용用이고 마음은 그 체體이다. 그러므로 정자程子는 『사잠四箴』에서 '보는 것'과 관련하여 마음을 거론하여 말을 하였고, '듣는 것'과 관련하여서는 비록 '천성天性에 근본을 둔다'라고만 하였지만 그 이른바 '그칠 데를 알아 정해진 바가 있음'과 '지각이 유혹하고 사물이 변화시킴'은 마음에 근본을 두지 않는 것이 없다. '말하는 것'과 관련하여 마음을 거론하여 말을 하였고, '행동하는 것'과 관련하여서는 비록 '습관이 본성과 함께 이루어진다'라고만 하였지만 그 이른바 '급박할 때 생각을 할 수 있음'과 '전전긍긍하는 자세로 스스로 지킴'은 또한 모두 마음을 위주로 한 것이다. 정자程子는 "안에서 말미암아 밖으로 응하는데, 밖을 검속하는 것은 그 안을 기르는 길이다."라고 하였다.

　　주자朱子는 사잠四箴의 내용이 공자의 말씀을 발휘한 것이 친절하여 배우는 일들이 더욱 깊이 완미해야 할 것이라고 하였다. 이른바

사서장도
은 팔 총 요

"몽둥이 한 대에 맞은 흔적이 한 줄 생기고, 주먹 한 대에 한 줌의 피를 흘린다."라는 말에 해당하지만, 만약 이것을 별것 아닌 것으로 본다면 무슨 보탬이 되겠는가. 그래서 이 구조를 그림으로 그려서 처음 배우는 사람들에게 보여 준다.

博文約禮切要

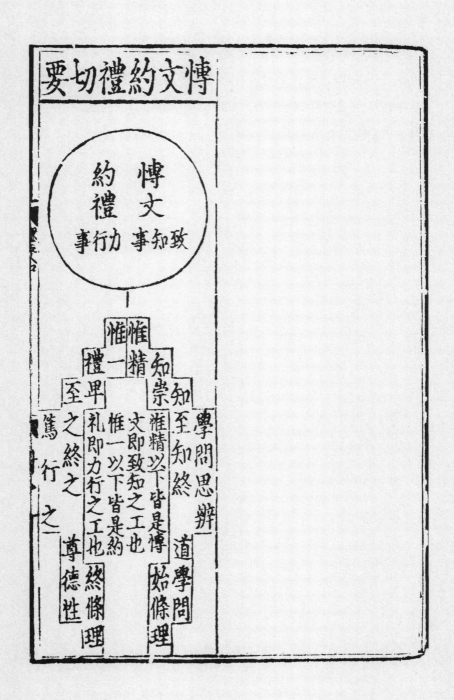

圏内：

致知　博文　知事

力行　約禮　事行　事

下段：

惟精
惟一
惟一
禮甲

知崇
知至知終

學問思辨
道學問
始條理

惟精以下皆是博
文即致知之工也

惟一以下皆是約
礼即力行之工也

至之終之

禮即力行之工也

篤行之

尊德性

終條理

尊德性

박문약례의요체

博文約禮切要

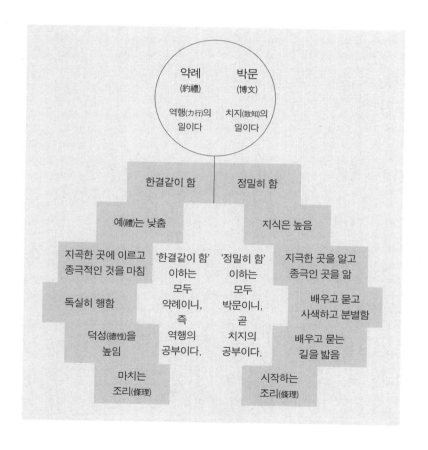

- 약례 (約禮) 역행(力行)의 일이다
- 박문 (博文) 치지(致知)의 일이다

- 한결같이 함
- 정밀히 함

- 예(禮)는 낮춤
- 지식은 높음

- 지극한 곳에 이르고 종극적인 것을 마침
- '한결같이 함' 이하는 모두 약례이니, 즉 역행의 공부이다.
- '정밀히 함' 이하는 모두 박문이니, 곧 치지의 공부이다.
- 지극한 곳을 알고 종극인 곳을 앎

- 독실히 행함
- 배우고 묻고 사색하고 분별함

- 덕성(德性)을 높임
- 배우고 묻는 길을 밟음

- 마치는 조리(條理)
- 시작하는 조리(條理)

按覺軒蔡先生模曰博文近於致知約禮近於力行不博則無

以造乎約不約則無以盡乎博博從上聖賢學問只是此兩事惟

精便是博文惟一便是約禮知崇便是博文禮卑便是約禮知

至知終便是博文至之終之便是約禮學問思辨便是博文篤

行便是約禮道學問便是博文尊德性便是約禮始條理便是

博文終條理便是約禮聖賢之言亘千萬世安有異旨朱子嘗

云博文約禮二者須互發明約禮工夫深則博文工夫愈明博

文工夫至則約禮工夫愈密但學者之初須作兩般理會而各

盡其力久之見得功效却能交相為助而打成一片迄合下便

要兩相倚靠互相推託則彼擔閣都不成次第矣子曰君子博

學於文約之以禮亦可以弗畔矣夫程子謂此約禮只是淺近

說非顏子所學於夫子云博約只是一箇博約其所

得淺深却在人如梓匠輪輿同是一樣斧斤挾者則只能斷削

而巳工者便自巧好此足以發明孔顏博文約禮言外之意

按覺軒蔡先生 (模) 曰："博文，近於致知；約禮，近於力行。
不博，則無以造乎約；不約，則無以盡乎博。從上聖賢學問，只
是此兩事。惟精便是博文，惟一便是約禮；知崇便是博文，禮
卑便是約禮；知至知終便是博文，至之終之便是約禮；學問
思辨便是博文，篤行便是約禮；道學問[78]便是博文，尊德性便
是約禮；始條理便是博文，終條理便是約禮。聖賢之言，亙千
萬世，安有異旨！"

朱子嘗云：'博文、約禮二者，須互發明。約禮工夫深，則博
文工夫愈明；博文工夫至，則約禮工夫愈密。' 但學者之初，須
作兩般理會而各盡其力，久之，見得功效，卻能交相爲助，而打
成一片。若合下便要兩相倚靠、互相推託，則被擔閣，都不成
次第矣。

子曰：'君子博學於文，約之以禮，亦可以弗畔矣夫。' 程子
謂：'此約禮，只是淺近說，非顏子所學於夫子之謂。' 朱子云：
'博約，只是一個博約，其所得淺深，卻在人。如梓匠輪輿，同是
一樣斧斤，拙者則只能斷削而已；工者便自巧好。' 此足以發明
孔顏博文約禮言外之意。

살피건대, 각헌覺軒 채선생蔡先生 모模[79]가 말하기를, "박문博文(문文
으로 넓힘)은 치지致知에 가깝고, 약례約禮(예禮로 검속함)는 역행力行에
가깝다. 넓게 배우지 못하면 잘 검속하는 경지로 나아갈 수 없고,
잘 검속하지 못하면 온전히 넓게 배우지 못한다. 저 높은 성현의 학

문이라고 해도 단지 이 두 가지 일일 뿐이다. '정밀히 함'은 바로 박문이고, '한결같이 함'은 약례이다. '지식이 높음'은 박문이고, '예는 낮춤'은 약례이다. '지극한 이치를 앎'과 '종극인 이치를 앎'은 박문이고, '지극한 곳에 이름'과 '종극까지 마침'은 약례이다. '배우고 묻고 사색하고 분별하는 것'은 박문이고, '독실히 실천함'은 약례이다. '묻고 배우는 길을 걸음'은 박문이고, '덕성을 높임'은 약례이다. '처음 조리條理'는 박문이고, '마지막 조리'는 약례이다. 성현의 말씀은 천만세千萬世에 걸쳐 어찌 다른 내용이 있겠는가!"

주자朱子는 일찍이 '박문과 약례 이 두 가지는 서로를 발전시키기 마련이다. 약례의 공부가 깊으면 박문의 공부가 더욱 밝아지고 박문의 공부가 지극해지면 약례의 공부가 더욱 엄밀해진다. 다만 배우는 이의 첫 단계에서는 '모름지기 둘로 나누어 처리하여 각각 그 힘을 다해야 한다. 그렇게 오랜 노력을 기울이다 보면 성과를 얻게 되는데 그때는 또 서로 돕는 관계가 되어 하나로 합쳐진다. 만약 처음부터 서로 의존하거나 서로에게 미루려고 한다면 질질 지연되어서 아무 성과를 얻지 못하게 된다.'라고 하였다.[80]

공자께서 '군자가 문文에서 널리 배우고 예禮로 검속할 수 있으면 또한 어긋나지 않게 될 것이다.'라고 하였다. 이에 대해 정자程子는 '이 약례와 박문은 단지 천근한 의미로 말한 것이지, 안자顏子가 공자에게 배운 바를 전부 포괄하여 말한 것이 아니다.'라고 하였다. 주자朱子는 '박문과 약례는 단지 하나의 박문과 약례일 뿐이다. 거기서 얻는 것이 얕느냐 깊느냐는 사람에게 달려 있다. 목공이나 수레 만드는 사람은 누구나 동일하게 도끼를 사용하지만 서툰 사람은 단지 나무를 깎아 버릴 뿐이고, 솜씨 좋은 사람은 기교 있게 다듬는다.'라고 하였다. 이것은 공자와 안연이 말한 박문과 약례에 담긴 언외의 의미를 밝힐 수 있는 말이다.[81]

○盡心説

朱子曰盡其心者知其性也知其性則知天矣言能盡其心是
知此性知此性即知天也蓋天者理之自然人之所由以生也
性者理之全體而人之所得以生者也心則人之所以主於身
而具是理者也天人無外而性禀其全故人之本心其體廓然
亦無限量惟其梏於形氣之私滯於見聞之小是以有所蔽而
不盡人能即事即物窮究其理至於一旦會通貫徹而無所遺
焉則有以全其本心廓然之躰而五行之所以爲性與天之所
以爲天者皆不外乎此而一以貫之矣

마음을 다한다는 말의 의미에 대하여
盡心說

朱子曰 : "盡其心者, 知其性也 ; 知其性, 則知天矣." 言人能
盡其心, 是知此性 ; 知此性, 即知天也。蓋天者理之自然, 人之
所由以生也 ; 性者理之全體, 而人之所得以生者也 ; 心則人
之所以主於身, 而具是理者也。天人[82]無外, 而性稟其全, 故人
之本心, 其體廓然亦無限量。惟其梏於形器之私, 滯於見聞之
小, 是以有所蔽而不盡。人能卽事卽物, 窮究其理, 至於一日會
通貫徹, 而無所遺焉, 則有以全其本心廓然之體, 而五行之所
以爲性與天之所以爲天者, 皆不外乎此, 而一以貫之矣。[83]

주자가 말하기를, "그 마음을 다한 자는 그 성性을 안 것이다. 그
성을 알면 하늘을 안다."라고 하였다. 이 대목은 사람이 그 마음을
다할 수 있으면 이 성性을 안 것이고, 이 성을 알면 하늘을 안 것이
라는 말이다. 대개 하늘이란 리理의 자연이고 사람이 태어나는 근

四書章圖

陳櫟纂釋總要

圖

원이며, 성이란 리理의 전체이고 사람이 받아서 태어난 것이며, 마음은 사람이 일신을 주재하는 것이고 이 리理를 갖추고 있는 존재이다. 하늘은 커서 그 외부가 없으며 성性은 그 온전한 것을 품부받았기 때문에 사람의 본심은 그 전체가 거대하여 또한 한량이 없다. 오직 형기形器를 사사롭게 대하는 데 구애되고 견문의 작은 지식에 정체되기 때문에 가려진 바가 있어 전체를 다하지 못하는 것이다. 사람이 능히 모든 일과 사물에 나아가 그 리理를 끝까지 연구하여 어느 날 전부를 회통하고 관철하여 남김이 없는 데 이르게 되면 그 본심의 확연한 전체를 온전히 구현하여 나의 본성과 하늘의 본질이 모두 이것을 벗어나지 않고 하나로 관통될 것이다.

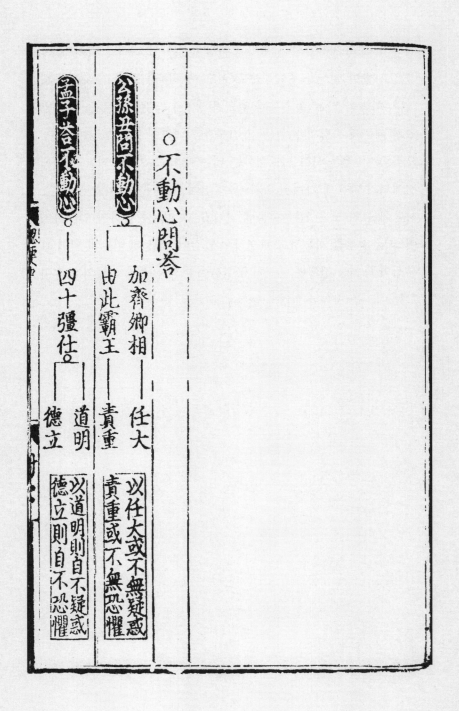

○不動心問答

公孫丑問不動心：

加齊卿相 —— 任大

由此霸王 —— 責重

孟子答曰不動心。—— 四十彊仕：

道明

德立

以任大或不無疑惑

責重或不無恐懼

以道明則自不疑惑

德立則自不恐懼

부동심에 관한 문답

不動心問答

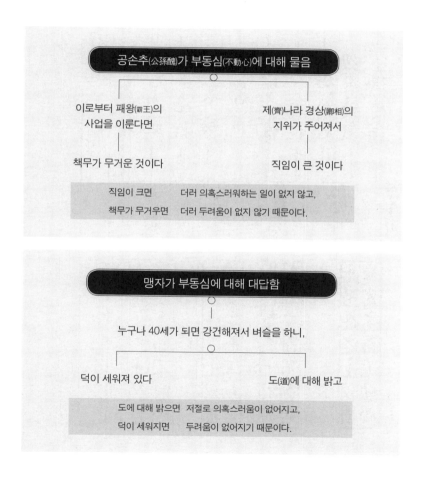

공손추(公孫醜)가 부동심(不動心)에 대해 물음

이로부터 패왕(霸王)의
사업을 이룬다면

책무가 무거운 것이다

제(齊)나라 경상(卿相)의
지위가 주어져서

직임이 큰 것이다

직임이 크면   더러 의혹스러워하는 일이 없지 않고,
책무가 무거우면   더러 두려움이 없지 않기 때문이다.

맹자가 부동심에 대해 대답함

누구나 40세가 되면 강건해져서 벼슬을 하니,

덕이 세워져 있다

도(道)에 대해 밝고

도에 대해 밝으면 저절로 의혹스러움이 없어지고,
덕이 세워지면   두려움이 없어지기 때문이다.

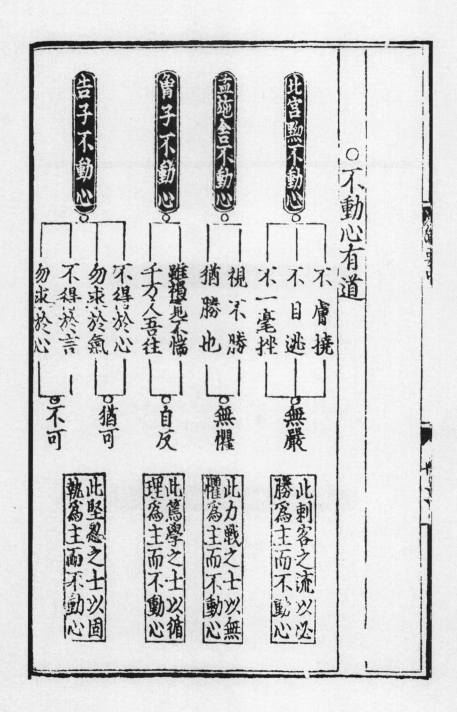

○不動心有道

比宮黝不動心
　不膚撓
　不目逃
　不一毫挫
　→ 無嚴
　此刺客之流以必勝爲主而不動心

孟施舍不動心
　視不勝
　猶勝也
　→ 無懼
　此力戰之士以無懼爲主而不動心

曾子不動心
　難褐寬博不懼
　千萬人吾往
　→ 自反
　此篤學之士以循理爲主而不動心

告子不動心
　不得於言
　勿求於氣
　→ 猶可
　不得於心
　勿求於心
　→ 不可
　此堅忍之士以固執爲主而不動心

부동심에 이르는 데 여러 방법이 있음에 대하여

不動心有道

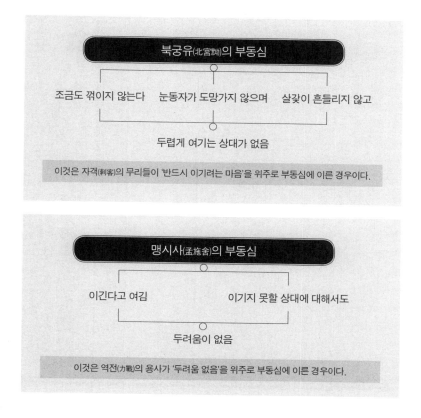

북궁유(北宮黝)의 부동심

조금도 꺾이지 않는다   눈동자가 도망가지 않으며   살갗이 흔들리지 않고

두렵게 여기는 상대가 없음

이것은 자객(刺客)의 무리들이 '반드시 이기려는 마음'을 위주로 부동심에 이른 경우이다.

맹시사(孟施舍)의 부동심

이긴다고 여김   이기지 못할 상대에 대해서도

두려움이 없음

이것은 역전(力戰)의 용사가 '두려움 없음'을 위주로 부동심에 이른 경우이다.

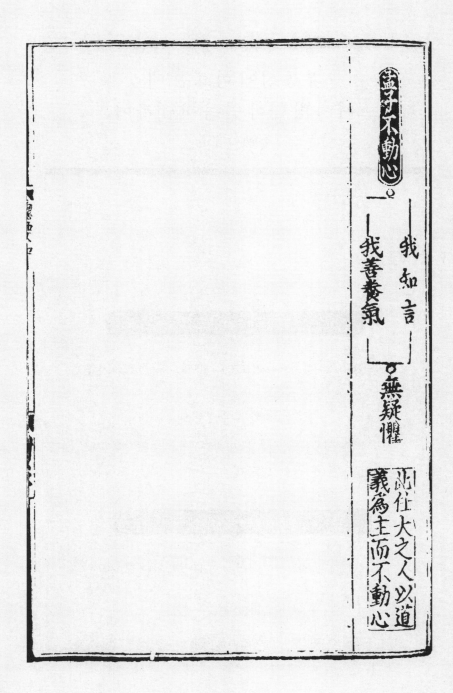

孟子不動心

我知言

我善養氣

〇無疑懼

此仕大人之道

義為主而不動心

210

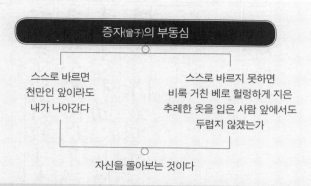

증자(曾子)의 부동심

스스로 바르면
천만인 앞이라도
내가 나아간다

스스로 바르지 못하면
비록 거친 베로 헐렁하게 지은
추레한 옷을 입은 사람 앞에서도
두렵지 않겠는가

자신을 돌아보는 것이다

이것은 독실히 공부하는 선비가 '이치에 따름'을 위주로 부동심에 이른 경우이다.

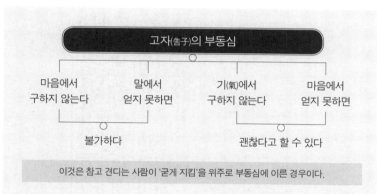

고자(告子)의 부동심

마음에서
구하지 않는다

말에서
얻지 못하면

기(氣)에서
구하지 않는다

마음에서
얻지 못하면

불가하다

괜찮다고 할 수 있다

이것은 참고 견디는 사람이 '굳게 지킴'을 위주로 부동심에 이른 경우이다.

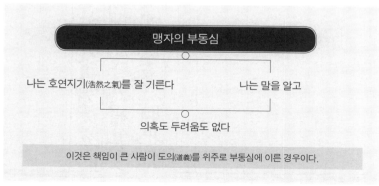

맹자의 부동심

나는 호연지기(浩然之氣)를 잘 기른다

나는 말을 알고

의혹도 두려움도 없다

이것은 책임이 큰 사람이 도의(道義)를 위주로 부동심에 이른 경우이다.

右孟子所引數子各心有所主者故其心皆不動然非道明德立而
自然不動心也不過強制之尔惟曾子之反身循理所守為得其要
孟子之不動心其原蓋出於此四十不動心則道明德立之時也知
言則道所以明養氣則德所以立詳見後圖

右孟子所引數子各心有所主者, 故其心皆不動, 然非道明德立而自然不動心也, 不過強制之爾。惟曾子之反身循理, 所守爲得其要。孟子之不動心, 其原蓋出於此。四十不動心則道明德立之時也。知言則道所以明, 養氣則德所以立。詳見後圖。

위에 맹자가 인용한 몇 사람은 각자 마음에 위주로 하는 바가 있어서 그 마음이 모두 동요되지 않게 되었다. 하지만 도道에 밝아지고 덕이 세워져 자연스럽게 부동심에 이른 경우가 아니고 억지로 제압해서 그렇게 된 것이다. 오직 증자曾子의 '자신을 돌이켜 보고 이치를 따르는 방식'은 견지하는 방식이 요령을 얻었다. 맹자의 부동심은 그 근원이 대개 여기에 있다. 40세에 부동심에 이른 것은 도에 밝아지고 덕이 세워진 시기이다. '말을 아는 것'은 도가 밝아지는 길이고, '호연지기를 기르는 것'은 덕이 세워지는 길이다. 아래의 그림에서 상세히 보인다.

孟子善知言

詖辭。　四者　嚴。　　生於其心　此四言之病

道○淫辭。　相因　陷。　相因害於其政　而知心之失

明○邪辭。　言之　離。　心之發於其政　又知其為政

○遁辭　病也　窮。　失也　害於其事　事之害已如此

214

맹자는 말을 잘 알아봄

도가 밝아짐

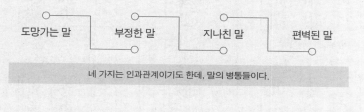

| 도망가는 말 | 부정한 말 | 지나친 말 | 편벽된 말 |

네 가지는 인과관계이기도 한데, 말의 병통들이다.

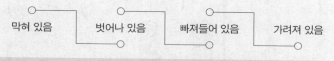

| 막혀 있음 | 벗어나 있음 | 빠져들어 있음 | 가려져 있음 |

네 가지는 인과관계이기도 한데, 마음의 잘못들이다.

그 일에 해를 끼친다
그 정책에서 생겨나
그 정책에 해를 끼치고
그 말에서 생겨나

이것은 말의 병통에 근거하여 마음의 잘못을 알아보는 것인데,
또 그것이 정책과 일에 해악을 이와 같이 끼친다는 것을 알 수 있다.

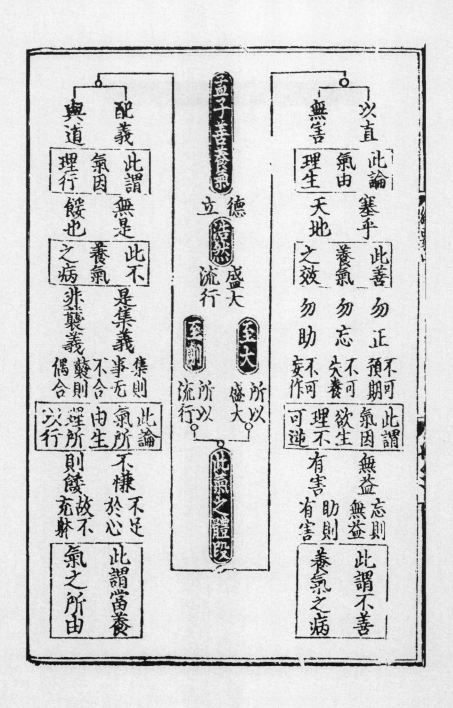

孟子善養氣章

德　浩然　立　盛大　流行

至大　至剛

此氣之體段

以直　此論　塞乎

無害　理生　氣由　養氣　此善　勿正　預期　不可

理生　天地　養氣　勿忘　不可　氣因　此謂

之效　勿助　妄作　欲生　無益　無益　忘則

可逆　理不　有害　助則　此謂不善

有害　養氣之病

配義　與道

此謂　無是　此不　是集義　事無　集則　此論　不足

理行　餒也　之病　非襲義　襲則　氣所　理所　不慊於心　此謂當養

偶合　由生　不合　由生　則餒　故不　充躰　氣之所由

216

맹자가 호연지기를 잘 기름

덕이 세워짐

(기가) 짝이 되어 도움 / 의(義)와 도(道)를

이것은 호연지기가 리(理)를 토대로 유행함을 말한 것이다.

주려 있게 된다 / 이것이 없으면

이것은 호연지기를 기르지 않은 병통이다.

외로움을 엄습해 취한 것이 아니다 / 이것은 의(義)로운 일이 집적되어 이루어진 것이지

엄습 하였다면 우연히 맞는 것이다 / 집적된 것이면 부합되지 못하는 일이 없다

이것은 호연지기가 생겨난 연유와 리(理)가 유행하게 되는 까닭에 대해 논한 것이다.

주려 있게 된다 / 흐뭇하지 못하면

그래서 몸을 채우지 못하는 것이다 / 마음에 부족한 느낌이 있는 것이다

이것은 호연지기를 길러야 하는 이유에 대해서 말한 것이다.

호연(浩然)

성대하고 유행하는 모습이다

지극히 강하다 / 지극히 크고

유행할 수 있는 까닭이다 / 성대할 수 있는 까닭이다

이것은 호연지기의 모습이다.

해치는 것이 없음 / 곧음을 견지하고

이것은 호연지기가 리(理)로부터 생기는 것에 대해 논함.

가득 참 / 천지에

이것은 호연지기를 기른 효과이다.

조장(助長) 하지 말고 / 잊지 말고 / 확정 하지 말고

마구 해서는 안 된다 / 안 길러서는 안 된다 / 예기(豫期) 해서는 안 된다

이것은 호연지기가 기르는 바에 의해 생기고[84] 그 이치는 거역할 수 없음에 대해 말한 것이다.

해악이 있다 / 이득이 없고

조장하면 해악이 있다 / 잊으면 이득이 없다

이것은 호연지기를 잘 기르지 않은 병통을 말한 것이다.

○告子公都子孟子性辨

告子

性猶杞柳義猶桮捲以人性為仁義猶以杞柳為桮捲

之說

此如荀子性惡

○子將戕賊杞柳以為括捲則亦將戕賊人以為仁義與

此謂如告子之說則是性本惡必矯揉而後可為善

孟子折告子之說

人無有不善　水無有不下　順之無有不善也。

此見人性本善必

告子

性猶湍水也決東則東決西則西人性之無分於善不善也猶水之無分於東西

之說

此近於揚子善惡混之說　○其性亦猶是也

夫水可使過顙在山是豈水之性哉

人之可使為不善無惡因反之而後為惡也

此折告子之說以見性本

218

고자와 공도자와 맹자의 성에 대한 논변

告子公都子孟子性辨

고자의 '성은 여울물 같다'는 주장(告子性猶湍水之說)

성은 여울물 같다. 동쪽으로 트면 동쪽으로 흐르고, 서쪽으로 트면 서쪽으로 흐른다. 사람의 성에 선함도 없고 불선함도 없는 것은 물에 동과 서의 구분이 없는 것과 같다.

이것은 양자(揚子)의 '선과 악이 혼재되어 있다'라는 주장과 가깝다.

물은 이마 위로 올라가게 할 수 있고, 산에 있게 할 수도 있지만 어찌 물의 본성이겠는가. 사람에게 선하지 않은 짓을 하게 시킬 수 있는 것은 그 성격이 또한 이와 같다.

이것은 고자의 설을 꺾어서 성이 본래 악이 없고, 그 본성에 반대로 하여야 악이 된다는 것을 보인 것이다.

맹자가 고자를 꺾는 이론

사람이 선하지 않은 이가 없고, 물은 아래로 흐르지 않는 것이 없다

이것은 사람의 본성이 본래 선해서 반드시 그대로 발현시키면 선하지 않은 경우가 없음을 보인 것이다.

고자의 '성은 갯버들과 같다'는 주장(告子性猶杞柳之說)

성(性)은 갯버들과 같고, 의(義)는 광주리와 같다. 사람의 성으로 인의(仁義)를 행하는 것은 갯버들로 광주리를 만드는 것과 같다.

이것은 순자(荀子)의 "성은 악하다"라는 설과 같다.

그대는 갯버들을 해쳐서 광주리를 만드는 것인데, 그렇다면 사람을 해쳐서 인의를 행하게 한다는 것인가?

이것은 고자의 주장대로라면 성은 본래 악해서 반드시 그것을 비틀어야만 선을 행할 수 있다는 뜻이 된다는 말이다.

告子生之謂性之說

生之謂性

此以人物之知覺運動言蓋指其得於氣者言之誤皆根於此

白羽之白猶白雪之白白雪之白猶白玉之白與曰然

犬之性猶牛之性牛之性猶人之性與

以氣言之則知覺運動人與物若不異也此告子所以有是說

以理言之則仁義禮知之稟豈物所得全哉此孟子所以非其說

告子食色性也之說

食色性也　仁內也

此以人之知覺運動為性故以人之甘食悅色則其性而遂謂之白馬之白無異人

彼長而我長之猶彼白而我白之故謂之外也

以彼長言則是而彼之長故不得不長之告子所以指義為外

性也之說

食色性也　義外也

義由乎外異長人之長與

以長言之則義不在彼之心而在我長之之心孟子所以折義之非外

고자의 '음식과 남녀가 성이다'라는 주장(告子食色性也之說)	고자의 '태어난 그대로가 성이다'라는 주장(告子生之謂性之說)

의는 밖이다	음식과 남녀가 성이다.	인은 안이고,	태어난 그대로가 성이다.

이것은 사람의 지각·운동을 성으로 간주한 것이다. 그래서 사람이 음식을 달게 여기거나 남녀 간에 좋아하는 것이 본성이라고 간주하고, 드디어 인은 안에서 생겨나고 의는 밖에서 말미암는다고 주장하였다.	이것은 사람과 다른 생물의 지각·운동을 염두에 두고 말한 것이다. 대개 기(氣)에서 얻은 것을 가리킨 것이다. 고자가 성에 대해 말할 때의 오류는 모두 여기에 뿌리를 두고 있다.

말이 흰 것을 희다고 여기는 것과 사람이 흰 것을 희다고 여기는 것은 차이가 없지만, 말이 나이 든 것을 나이 든 것으로 취급하는 것과 사람이 나이 든 것을 나이 들었다고 대접하는 것에 차이가 없는가?	저 사람이 어른이어서 내가 그를 어른으로 대접하는 것은 저것이 흰색이어서 내가 그것을 흰색으로 간주하는 것과 같다. 그래서 밖에 있다고 하는 것이다.	그렇다면 개의 성은 소의 성과 같고, 소의 성은 사람의 성과 같은가?	흰 깃털의 힘은 흰 눈의 힘과 같고, 흰 눈의 힘은 흰 옥(玉)의 힘과 같은가?

'어른으로 여김'으로 말하였으니, 의는 저 사람이 어른임에 있지 않고, 나의 '어른으로 여김'에 있다. 맹자가 의가 밖에 있지 않다고 반박한 논거이다.	'저 사람이 어른인 것'으로 말하였으니, 저 사람이 어른이기 때문에 어쩔 수 없이 어른으로 대접하는 것이다. 고자가 의를 밖에 있는 것으로 여긴 이유이다.	리(理)를 기준으로 말하면 인의예지를 품부받은 정도에 있어 다른 생물들이 어찌 완전할 수 있겠는가. 이것은 맹자가 그 주장을 반박한 이유이다.	기(氣)를 기준으로 말할 경우 지각·운동은 사람과 다른 생물이 마치 다를 것이 없는 것 같다. 이것은 고자가 이런 주장을 펼치게 된 이유이다.

告子

公都

子義（吾炙然則耆炙亦有外與）

外之

公都（内則長楚人之長亦長吾之長故謂之外）

說（父則敬叔父弟為尸則敬弟果在外非由内也）

之說（冬日則飲湯夏日則飲）

公都（水然則飲食亦在外與）

告子（吾弟則愛之秦人之弟則不愛敬謂之）

（鄉人長於伯兄則敬兄酌則先酌鄉人彼將）

性善

不善

子問　性無善

性善　無不善

此告子之
性即生之
謂性食也
性也之意

性可以為善
言即生之
謂性屬善
告子之端

文說典
此或人
言之則
水之說

此告子之
性可以為善

可為不善
民好善
幽厲興則
民好暴

子謂氣質
與後來張
性有善不善
微子比干

堯有象瞽
有舜紂有
此或人之
言即

韓子三
品之說

此同
為氣
質之
性下

彼皆是與
說兩
分

善惡
猶惡

之說

222

공도자가 성의 선과 불선에 대해 질문하며 거론한 주장들
(公都子問性善不善之說)

성은 선한 것도 없고 불선한 것도 없다

이것은 고자(告子)가 바로 '생명 자체가 성이다'라느니 '식색이 성[85]이다'라는 의미와 뒷날 장자[張子, 장재(張載)]가 말한 기질지성(氣質之性)의 설에 해당한다.

성은 선한 것도 있고 악한 것도 있다	선하지 않게 될 수도 있다	성은 선해질 수도 있고
주(紂)는 미자(微子)와 비간(比干)이라는 친척이 있었고, 고수瞽瞍는 순舜이라는 아들이 있었으며, 요(堯)는 상象이라는 백성이 있었다.	유왕幽王이나 여왕厲王이 나오면 사람들은 포악함을 좋아한다.	문왕文王과 무왕武王이 나오면 사람들은 선을 좋아한다.
이 어떤 사람의 말은 곧 한자(韓子, 한유(韓愈))의 '성은 세 등급이 있다'라는 주장이다.	이 어떤 사람의 말은 고자의 '여울물' 이론이다.	

저들이 모두 잘못된 것입니까?

이것은 동일하게 '기질(氣質)'을 기준으로 말한 것인데, 아래 두 설은 오히려 선과 악을 나눈다.

고자와 공도자의 '의는 밖에 있다'는 주장(告子公都子義外之說)

초(楚)나라의 어른이라도 어른으로 대접하고, 우리 어른이라도 어른으로 대답하기 때문에 (의는) 밖이라고 한다.	내 아우라면 사랑하지만, 진(秦)나라 사람의 아우라면 사랑하지 않는다. 그렇기 때문에 (인은) 안이라고 한다.

이것은 고자가 '의는 밖이다'라고 주장하며 든 비유이다.

그렇다면 구이를 좋아하는 것도 밖이라고 할 수 있는가?	진(秦)나라 사람이 구운 구이를 좋아하는 정도가 내가 구운 고기를 좋아하는 정도와 다름이 없다.

이것은 맹자가 '의는 밖이 아니다'라고 주장하며 든 비유이다.

그 사람이 숙부라고 해서 숙부를 공경하고, 아우가 시동(尸童)이 되면 아우를 공경하니, 과연 밖에 있지 안에 있는 것이 아니다.	동네의 어떤 사람이 큰형보다 나이가 많아도 형을 공경하고, 술을 따를 때는 동네의 그 사람에게 따른다.

이것은 고자가 '의는 밖에 있다'라는 주장하며 든 변론이다.

그렇다면 음식도 또한 밖에 있는 것인가?	겨울에는 뜨거운 물을 마시고 여름에는 물을 마신다.

이것은 공도자가 의는 밖에 있지 않다면서 든 비유이다.

性善

此孟子之言即後來程子言性之本極本窮原之意與張子天地之性之說

乃若其情　惻隱羞惡　以情言節
可以為善　是非恭敬　其良知此
　　有之　之心人皆　見其情可
若為不善　　以為善　　以為善
非才之罪

　　　　　仁義禮智我固　以才言即
　　　　　有之或相倍蓰　其良能此
而無算者不見為不善
盡其才者也　非才之罪

此見天地之性之情與才皆良本然之善者

李森懿德

공도자가 성이 선한 이유가 무엇인지 질문한 것에 대한 대답
(公都子問性善之說)

성(性)은 선하다

이것은 맹자(孟子)의 말이니,
곧 이후의 정자(程子)가 '성의 근본'이라느니
'궁극적인 본원'이라고 말하였을 때의 의미와
장자(張子)의 천지지성(天地之性)의 설에 해당한다.

불선을 행하는 것은 그 재(才)의 잘못이 아니다
○
인의예지는
내가 고유하게
가진 것이다.
혹은
두 배나 다섯 배나
헤아릴 수 없는
차이가 나는 것은
그 재(才)를 다하지
못하였기 때문이다.

재(才)로 말한 것이니
곧 양능(良能)이다.
이것은 불선을 행하는 것이
재(才)의 죄가
아니라는 것을
보인 것이다.

그 정(情)의 경우 선(善)을 행할 수 있다
○
측은히 여기는 마음,
부끄러워하고
미워하는 마음,
옳고 그름을
가리는 마음,
공경하는 마음은
사람이 모두
가지고 있다.

정(情)으로
말한 것이니, 곧
그 양지(良知)이다.
이것은 그 정(情)이
선을 행할 수 있음을
보인 것이다.

사람이 늘 가진 떳떳한 성(性)과 아름다운 덕

이것은 자연처럼 태고난 성(性)과 정(情)과 재(才)가 모두 본연의 선함을
갖추고 있음을 보인 것이다.

形
　皆謂之形
　耳目鼻口

色
　一顰一笑
　皆謂之色

天性
　性即理也
　有至理天
　笑之間皆
　人得天地之正氣而生與萬物
　不同既為人須盡得人理然後

孟子曰形色迫天性也惟聖人然
後可以踐形○程子曰此言聖
人盡得人道而能充其形也蓋
人得天地之正氣而生與萬物
不同既為人須盡得人理然後
稱其名眾人有之而不知賢人
踐之而未盡能充其形惟聖人也

형색이 천성이라는 것에 대하여

形色天性

색(色)

한 번
찡그리는 것이나
한 번 웃는 것을
모두
색(色)이라고 한다.

형(形)

귀, 눈, 코, 입을
모두
형(形)이라고
한다.

**천성
(天性)**

보고 듣고, 찡그리고 웃는 것 안에
모두 지극한 리(理)가 있다.
천성(天性)이란 곧 리(理)이다.

사서장도은팔총요

孟子曰 : "形色, 天性也。惟聖人然後可以踐性。" 程子曰 :
"此言聖人盡得人道而能充其形也。蓋人得天地之正氣而生,
與萬物不同, 既爲人須盡得人理, 然後稱其名, 衆人有之而不
知, 賢人踐之而未盡, 能充其形, 惟聖人也。"

   맹자는 "형색形色이 천성天性이다. 오직 성인聖人만이 그 천성을 체
현할 수 있다."라고 하였다. 정자程子는 "이것은 성인이 사람의 도리
를 다하여 그 형체를 채울 수 있다는 말이다. 대개 사람은 천지의
바른 기氣를 얻어 태어나서 만물과는 같지 않으니, 이미 사람이라
면 모름지기 사람의 리理를 다해야만 그 이름에 걸맞을 수 있다. 보
통 사람들은 가지고는 있지만 알지 못하며, 현인은 실천하지만 완
벽하지 못하다. 그 형체를 다 채울 수 있는 것은 오직 성인이다."라
고 하였다.[86]

四端　性　體

○仁　心之德
○禮　天理節文　人事儀則

○義　心之制　事之宜
○智　辨是與非

心之德是兼四端言之愛之理只是就仁一體
說其發為愛之理則仁也心之制是就義
之全體發說事之宜是就千條萬緒各有所
宜處說事之宜亦是就在外之事說凡事
之來也自有个宜處便是義故程子有曰往
為理處物為義不如此說則來外有幾外之
見天理之節文理以內言人事之儀則事以
外言節而後有則文而後有儀節有等級則
即以此為準文如升降揖遜儀即以此為飾
其實儀則所以為節文也

사단의 성체(性體)에 대하여

四端性體

의 (義)
마음의 조절기능이자
일의 마땅함이다.

인 (仁)
마음의 덕이자
사랑의 리(理)이다.

지 (智)
옳고 그름을 변별하는 것이다.

예 (禮)
하늘의 리(理)에 존재하는
적절한 멋냄이고
사람 사는 일의 의칙(儀則)이다.

心之德, 是兼四端言之, 愛之理, 只是就仁體段說, 其發爲
愛之理, 則仁也。心之制, 是就義之全體處說, 事之宜, 亦非
是就在外之事說。凡事之來, 皆有個宜處, 便是義。故程子有

四書章圖

陳櫟總要

曰 : "在物爲理, 處物爲義." 不如此說, 則未免有義外之見。天理之節文, "理"以內言 ; 人事之儀則, "事"以外言。節而後有則, 文而後有儀。節有等級, 則卽以此爲准, 文如升降揖遜, 儀卽以此爲飾。其實, 儀則所以爲節文也。[87]

마음의 덕은 사단四端을 겸해서 한 말이고, 사랑의 리理는 단지 인仁의 체단體段[88]에 나아가 말한 것이니 사랑함으로 표현되는 리理가 바로 인仁이다. 마음의 조절기능은 의義의 전체全體를 대상으로 한 말이고, 일의 마땅함도 또한 밖에 있는 일에 나아가 말한 것이 아니다. 어떤 일이 올 때 모두 마땅한 처리방식이 있는데 그것이 바로 의義이다. 그래서 정자程子는 "사물에 있는 것은 리理이고 사물에 대처하는 기준은 의義이다"라고 하였다. 이와 같이 말하지 않으면 의義를 밖에 있는 것으로 간주하는 잘못을 면치 못한다. '하늘의 리理에 존재하는 적절한 멋냄'에서 '리理'는 안의 측면에서 말한 것이고, '사람 사는 일의 의칙儀則이다'에서 '일[事]'은 밖의 측면에서 말한 것이다.[89] 적절함 뒤에 준칙[則]이 있는 것이고, 멋냄 뒤에 본보기[儀]가 있는 것이다. 적절함에는 등급이 있으니 칙則은 이것으로 표준을 삼는 것이고, 멋냄에는 오르고 내리며 읍揖하며 양보하는 것이 있으니 의儀는 이것으로 멋을 내는 것이다. 사실은 의儀와 칙則이 바로 적절히 멋을 내는 기준이 된다.

四　端　情　體

○惻　傷之　於外　○辭　讓去己

仁之端　○隱　痛之　於中　**禮之端**　○讓　與人以

義之端　○善　恥己　之惡　○羞　○是　善　**智之端**

○惡　憎人　之惡　○非　惡　○善

朱子曰四端八字每字是一意惻是方惻然者此念隱是痛比惻爲深羞者羞己之惡惡者惡人之惡甚辭己之物遜者遜與他人是非自傷之於外也隱者痛之於中也惻隱辭讓羞惡是兩樣分明蔡氏云以朱子之說推之則惻知其每端兩字有內外人己之分惟是非一端則兩字皆在內而照乎外蓋仁義礼皆在內而外接乎物惟知則獨在內而照乎物也○四端知其子云端緒也蔡李通云端乃尾也苟自性言則此端爲尾自情言則此端爲始二義自不相礙

사단의 정체情體에 대하여
四端情體

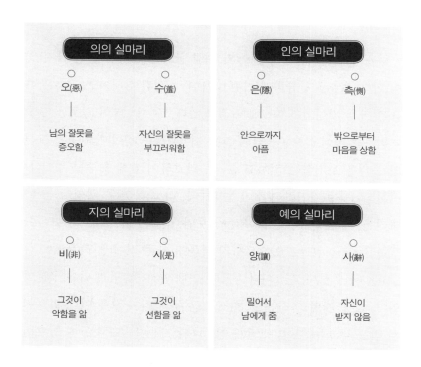

의의 실마리		인의 실마리	
○	○	○	○
오(惡)	수(羞)	은(隱)	측(惻)
│	│	│	│
남의 잘못을 증오함	자신의 잘못을 부끄러워함	안으로까지 아픔	밖으로부터 마음을 상함

지의 실마리		예의 실마리	
○	○	○	○
비(非)	시(是)	양(讓)	사(辭)
│	│	│	│
그것이 악함을 앎	그것이 선함을 앎	밀어서 남에게 줌	자신이 받지 않음

朱子曰：“四端八字, 每字是一意。惻是方惻然有此念, 隱是痛, 比惻爲深。羞者羞己之惡, 惡者惡人之惡。辭者辭己之物, 遜者遜與他人。是非自是兩樣分明。” 蔡氏云：“以朱子之說推之, 則惻者傷之於外也, 隱者痛之於中也, 惻隱、辭讓、羞惡每端兩字有內外人己之分。惟是非一端則兩字皆在內而照乎外。蓋仁義禮皆在內而外接乎物, 惟知則獨在內而外照乎物也。” ○四端, 朱子云：“端, 緒也。” ○蔡季通云：“端乃尾也。若自性言, 則此端爲尾, 自情言, 則此端爲始。二義自不相凝。”

주자가 말하기를, “사단四端의 여덟 글자는 글자마다 한 가지 뜻이 있다. 측惻은 뭉클하게 이런 마음이 막 생긴 상태이고, 은隱은 마음이 아픈 것이어서 측惻에 비해 심하다. 수羞는 나의 잘못을 부끄러워하는 것이고 오惡는 남의 잘못을 미워하는 것이다. 사辭는 자신의 물건을 포기하는 것이고 손遜은 양보하여 남에게 주는 것이다. 시비是非는 두 가지라는 것이 분명하다.”라고 하였다. 채씨蔡氏는 말하기를, “주자朱子의 말로 추측해 보면, 측惻은 밖으로부터 마음이 상한 것이고, 은隱은 안으로까지 마음이 아픈 것이다. 측은惻隱·사양辭讓·수오羞惡는 단端마다 두 글자인데 안과 밖, 남과 나의 구분이 있다. 오직 시비是非라는 이 한 단端은 두 글자가 모두 안에 있으면서 밖을 비추는 것이다. 대개 인仁·의義·예禮는 모두 안에 있으면서 밖으로 외물을 접하는 것인데, 지知만은 홀로 안에 있으면서 밖으로 외물을 비추는 것이다.”[90]

○사단四端에 대해 주자朱子는 "단端은 실마리이다."라고 풀이하였다.

○채계통蔡季通은 "단端은 꼬리이다. 만약 성性을 기준으로 말하면 이 단端은 꼬리이고, 정情을 기준으로 말하면 이 단은 시작이다. 두 의미가 서로 모순되지 않는다."라고 하였다.

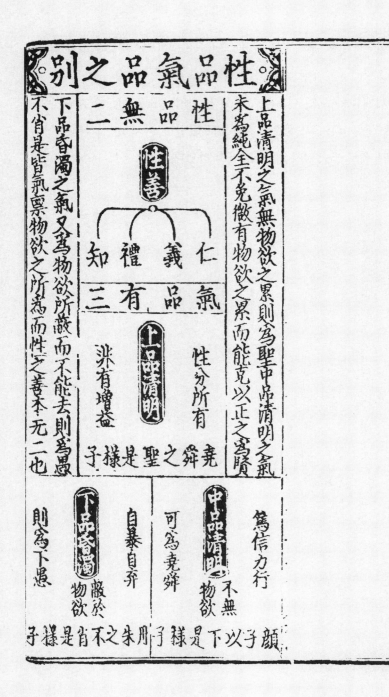

성품과 기품의 구별에 대하여
性品氣品之別

하품(下品)의 혼탁(昏濁)한 기(氣)는 또 물욕에 가려져서 벗어날 수 없는 상태이니 어리석은 사람이고 불초한 사람이다. 이는 모두 기품(氣稟)과 물욕(物欲)에 의해 달라지는 것이지 성(性)의 선함은 본래 다름이 없다.

성품(性品)은 둘이 없다

성은 선하다

지　예　의　인

상품(上品)의 청명(淸明)한 기(氣)는 물욕(物欲)에 얽매임이 없으니 성인이다. 중품의 청명한 기(氣)는 아직 순전(純全)하지는 못해서 조금은 물욕의 얽매임이 있는 것을 면치 못하지만 이겨내서 바로잡으면 현인이 된다.

기품(氣品)은 셋이 있다

상품
(上品)
의
청명
(淸明)

더 증가한 것이 아니다

본성으로 갖추어진 것이지

요순(堯舜)과 같은 성인이 이 사례이다

하우
(下愚)가
되는
것이다

하품
(下品)
의
혼탁
(昏濁)

자포자기
(自暴自棄)
하면

물욕에 굴복된다.

단주(丹朱)[91]의 불초함이 이 사례이다.

요순이
될 수
있다

중품
(中品)
의
청명
(淸明)

독실히
믿고
힘껏
행하면

물욕(物欲)이 없지 않다

안자(顔子) 이하가 이 사례이다

○人物所性同異

人物同得是氣以爲形亦同得是理
以爲性但人得其全物得其偏只此
爲少異耳惟君子知自存其性所以

以人物之本同言

【形生理賦（圖）】

形理賦人物之同言　氣以成形

以人物之少異言

人　此性具全　得氣之正

【物（圖）】其性不全　得氣之偏

以君子　言

此言君子閒
邪存誠而不
失其初者所
以異於禽獸

存之

以　聖　明庶物　察人倫　人由仁義

此大舜生
知安行不

以庶民　言

此言庶民知
誘物化自喪

去之

以　天性者所以
與禽獸無異

言　待存之而
自存之也

異於禽獸庶民則自喪其性所以與
禽獸無異聖人之所以大有異者則
又生知安行不待存之而自存者也

사람과 다른 만물의 본성이 같고 다름에 대하여

人物所性同異

금수와 달라지게 되는 것이고, 일반 사람은 스스로 그 본성을 없애기 때문에 금수와 다름이 없게 된다. 성인이 크게 다른 점이 있는 까닭은 또 나면서부터 알고 편안하게 행하여 '간직하는 공부'가 없이도 저절로 간직하게 된다는 점이다.

사람과 다른 만물의 근본은 같음으로써 말함

형체가
생기가
리(理)가
부여된다

기(氣)로 형체를 이루면 리(理)가 부여되어 성(性)이 되는데, 이것은 사람과 다른 만물이 같은 것이다.

사람과 다른 만물의 조금 다른 것으로써 말함

다른
만물

사람

기(氣)의 편벽된 것을 얻어 그 성이 온전히 갖추어지지 않음

기(氣)의 바른 것을 얻어 그 성(性)이 온전히 갖추어짐

사람과 다른 만물은 똑같이 이 기(氣)를 얻어 형체로 삼고 또한 똑같이 이 리(理)를 얻어 성(性)으로 삼는다. 다만 사람은 그 전체를 얻고 다른 만물은 그 편벽한 부분만 얻어서 단지 이것이 조금 다른 것일 뿐이다. 오직 군자는 그 성을 스스로 간직할 줄 알아서

일반 사람으로 말함

버린다

이것은 일반 사람들이 지각에 유혹되고 외물에 의해 변화되어 스스로 천성(天性)을 없애버린 것에 대해 말하였는데, 금수와 다름이 없게 된 까닭이다.

군자로 말함

간직한다

이것은 군자가 사특한 마음을 막고 성실성을 보존하여 그 첫 상태를 잃지 않은 것에 대해 말하였는데, 금수(禽獸)와 다르게 된 까닭이다.

성인(聖人)으로 말함

'간직하는 공부'가 없이도 저절로 간직하고 있는 것이다.	인의(仁義)로부터 말미암는다	인륜(人倫)에 대해 잘 알며	모든 사물에 대해 밝고	이것은 대순(大舜)이 나면서부터 알고 편안히 행하여

○人心操舍存亡

以可存不可亡言

得於本然

（良心）

嘗欲存之

不可放失

以無有不善言

以或夜而存或晝而亡

故無定時或存在内

出

入

出入無時

存

亡

莫知其鄉

或放在外故莫知其鄉

言惟操則存舍則亡也

以亡尚可存言

未與物接無往不善雖有亡者

日夜所息

以存復易亡言

亦必復萌焉旦

氣所由同而旦也

則與物接莫能

不善其有存者

日一晝所為

雖夜

以亡易亡言

氣亦隨以亡雖夜不足以勝矣

사람의 마음이 잡느냐 놓느냐에 따라 간직되고 없어짐에 대하여

人心操舍存亡

간직해야 하고 없애서는 안 되는 것으로써 말함

늘[92] 간직해야만 하고 잃어서는 안 된다	양심 (良心)	본연(本然)에서 얻은 것이어서 선하지 않음이 없으니,

나가고 들어오며 간직되고 없어지는 것으로써 말함

혹은 놓쳐서 밖에 있기 때문에 그 처소를 알 수 없다. 오직 잡으면 간직되고 놓으면 없어진다.	그 처소를 알 수 없다	나가고 들어오는 데 일정한 때가 없고	혹은 밤에 간직되고 혹은 낮에 없어지기 때문에 정해진 시간이 없고, 혹은 간직되어 안에 있고

간직되었다가 다시 쉽게 없어짐으로써 말함

비록 밤에 길러진 기운이라도 그것을 이길 수 없다.	낮에 하는 행동	이미 외물과 접하게 되었다면 불선하지 않는 것이 없다. 그 간직되어진 것이라고 해도 뒤이어 없어질 것이다.

없어졌더라도 여전히 간직할 수 있음으로써 말함

이것은 새벽의 기운을 볼 수 있는 까닭이다.	밤낮으로 길러진 바	아직 외물과 접하지 않아 어디를 가나 선하지 않음이 없다. 비록 없어졌더라도 또한 반드시 다시 싹튼다.

【知天事天】

盡心以下是〔知〕之事所以造其〔理〕也 （此智之盡）

盡心 大學知 至之謂
知性 大學物 稀之謂
知天 天道流 行之謂 天壽不貳〔知〕

存心 與執事 居處恭 數之謂
養性 戒謹恐 懼之謂
事天 存順沒 寧之謂 惰身以俟 立命 天事

存心以下是〔已〕之事所以復其〔事〕也 （此仁之至）

하늘을 알고 하늘을 섬김에 대하여
知天事天

마음을 간직함	마음을 다함
'거처할 때는 공손하고 일을 할 때는 경건함'을 말한다.	『대학(大學)』의 '앎이 완벽히 이루어짐'을 말한다.
성(性)을 기름	성(性)을 앎
'삼가고 두려워함'을 의미한다	『대학(大學)』의 '사물의 이치가 끝까지 연구됨'을 말한다.
하늘을 섬김	하늘을 앎
'살았을 때는 잘 따르고 죽게 되면 편히 여김'을 말한다.	'천도(天道)의 유행(流行)'을 말한다.

마음을 간직함 이하는 인(仁)의 일이고, 이 일(事)을 실천하게 되는 길이다.

마음을 다함 이하는 앎(知)에 속하는 일이고, 이 리(理)에 나아가게 되는 길이다.

지극한 것이다. 이것은 인(仁)이

몸을 수양하여 기다림

명(命)을 세움

하늘을 섬김

요절하거나 장수하는 것에 의해 마음이 달라지지 않음

하늘을 앎

완벽한 것이다. 이것은 지(智)가

大學入德之門

閭巷之學教庶人
之子弟八歲入小

國都之學教公以
下八歲入小孝公

王宮之學教天子
之元子眾子
八歲入小
學十五歲
則入大學

卿大夫元士之適
子十五則入大學

學兄民之俊秀者
十五歲則入大學

小學

收其放心
洒掃應對
進退之間
禮樂射御
書數之習
養其德性

大學

察夫義理
窮理正心
脩己治人
措諸事業

聖學終始

整齊嚴肅
主一無適
常惺惺法
其心收斂
敬

小學不由乎此則無
以涵養本源而謹夫
小學之節

大學不由乎此則無
以開發聰明進德脩
業而致大學之功

246

대학이 덕으로 들어가는 문이라는 것에 대하여

大學入德之門

백성 중에서 준수(俊秀)한 자는 15세가 되면 대학에 들어간다.	공경(公卿)·대부(大夫)·원사(元士)의 맏아들은 15세에 대학에 들어간다.	왕궁(王宮)의 학교는 천자의 원자(元子)와 뭇 아들을 가르친다. 8세에 소학(小學)에 들어가고 15세에 대학(大學)에 들어간다.	국도(國都)의 학교는 공(公) 이하를 가르친다. 8세에 소학에 들어가고,	여항(閭巷)의 학교는 서인(庶人)의 자제를 가르친다. 8세에 소학에 들어가고,

대학

사업(事業)에 적용시킨다.	이치를 끝까지 연구하고 마음을 바로잡으며, 자신을 수양하고 남을 다스린다	의리(義理)가 무엇인지 잘 연구하여

소학

그 덕성을 기른다.	물뿌리고 쓸고 응하고 대답하고 나아가고 물러나는 일들을 익히고 예(禮)·악(樂)·사(射 활쏘기)·어(禦 수레 몰기)·서(書)·수(數)를 익힌다.	그 놓친 마음을 거두어 들이고

성인이 되는 학문의 처음과 끝

소학은 이것을 말미암지 않으면 총명(聰明)을 개발하여 덕을 진전시키고 학업을 닦아 대학의 공업을 이룰 수 없다.

늘 깨어있는 방식

하나에 집중하여 흩어지지 않음

경(敬)

그 마음이 거두어들여짐

정제됨과 엄숙함

소학은 이것을 말미암지 않으면 본원을 함양하여 소학의 절목들을 삼가 잘 실천할 수 없다.

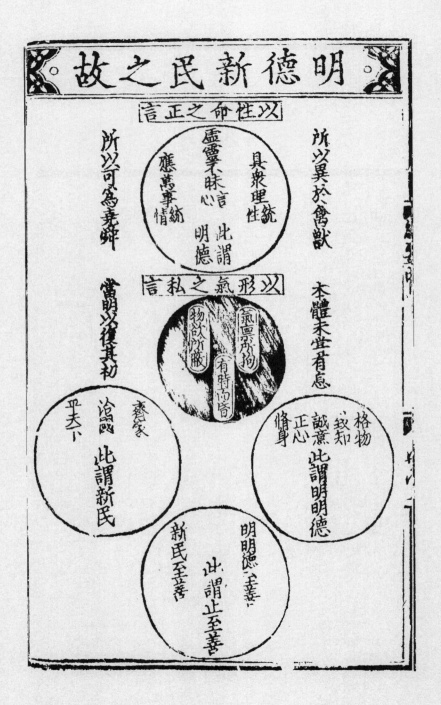

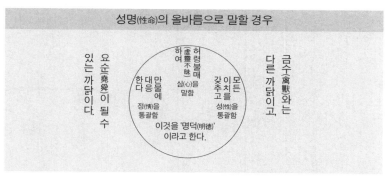

성명(性命)의 올바름으로 말할 경우

요순(堯舜)이 될 수 있는 까닭이다.

허령불매(虛靈不昧)하여 심(心)을 말함

이 모든 이치를 갖추고 성(性)을 통괄함

만물에 대응한다 정(情)을 통괄함

이것을 '명덕(明德)'이라고 한다.

금수(禽獸)와는 다른 까닭이고,

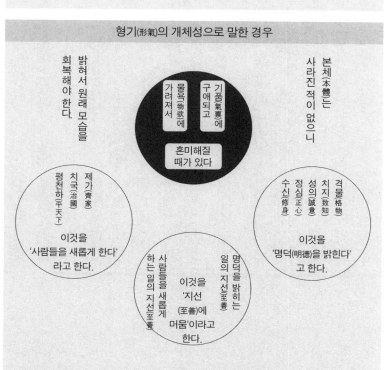

형기(形氣)의 개체성으로 말한 경우

밝혀서 원래 모습을 회복해야 한다.

기품(氣稟)에 구애되고 물욕(物欲)에 가려져서

혼미해질 때가 있다

본체(本體)는 사라진 적이 없으니

제가(齊家) 치국(治國) 평천하(平天下)

이것을 '사람들을 새롭게 한다'라고 한다.

격물(格物) 치지(致知) 성의(誠意) 정심(正心) 수신(修身)

이것을 '명덕(明德)을 밝힌다'고 한다.

명덕을 밝히는 일의 지선(至善)

사람들을 새롭게 하는 일의 지선(至善)

이것을 '지선(至善)에 머뭄'이라고 한다.

致知格物之故

人心
之寶

包乎眾理
表一身

莫不
有知

心

統性。其體　　仁義禮智
統情。其用　　惻隱羞惡辭敬是非

天下
之物

散在万物
原於一心

莫不
有理

理

人倫　止孝之類是　　如父止慈子
日用　事敬之類日　　如君止恭執

天地　當厚之類是　　如天當高地
　　　　　　　　　　如天之理也
　　　　　　　　　　如陽當伸陰

鬼神　合屈之類是　　神之理也

鳥獸　則乘之類是　　如牛則耕馬
　　　　　　　　　　鳥獸之理也

草木　　　　　　　　如春主生秋
　　　　　　　　　　殺之類草
　　　　　　　　　　木之理也

人之為學惟心與理朱子所補致知格物之義備矣若其用力之方則或考
事為之著或察之念慮之微或求之文字之中或索之講論之際使於身心性
情之德人倫日用之常以至天地鬼神之變以及草木之宜自一物之中莫不
有以見其所當然而不容已與其所以然而不可易者必其表裏精粗无所不
盡而又益推其類以通之至於一旦脫然而貫通焉則於天下之物皆有以究
其義理精微之所極而吾之聰明睿知亦皆有以極其心之本然而无不盡矣

격물치지의 이론적 근거
致知格物之故

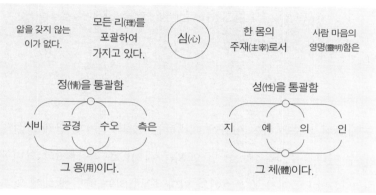

앎을 갖지 않는 이가 없다. | 모든 리(理)를 포괄하여 가지고 있다. | 심(心) | 한 몸의 주재(主宰)로서 | 사람 마음의 영명(靈明)함은

정(情)을 통괄함

시비　공경　수오　측은

그 용(用)이다.

성(性)을 통괄함

지　예　의　인

그 체(體)이다.

리(理)를 갖지 않는 것이 없다. | 한 마음에 근원을 두고 있다. | 리(理) | 만물에 산재되어 있으며 | 천하의 만물은

조수(鳥獸)

예를 들어 소는 밭을 갈고 말은 타는 것 등이 조수(鳥獸)의 리(理)이다.

천지(天地)

예를 들어 하늘은 높아야 하고 땅은 두터워야 하는 것 등이 천지의 리(理)이다.

인륜(人倫)

예를 들어 부모는 자애로움에 머물고, 아들은 효도에 머무는 것 등이 인륜(人倫)의 리(理)이다.

초목(草木)

예를 들어 봄에는 살리는 것을 위주로 하고 가을에는 죽이는 것을 위주로 하는 것 등이 초목(草木)의 리(理)이다.

귀신(鬼神)

예를 들어 양(陽)은 펴져야 하고 음(陰)은 굽혀져야 하는 것이 귀신의 리(理)이다.

일용(日用)

예를 들어 거처할 때 삼가고 일을 할 때 경건한 것 등이 일용(日用)의 리(理)이다.

"人之爲學, 惟心與理." 朱子所謂致知格物之義備矣. "若其用力之方, 則或考之事爲之著, 或察之念慮之微, 或求之文字之中, 或索之講論之際, 使於身心性情之德、人倫日用之常以至天地鬼神之變、鳥獸草木之宜, 自一物之中, 莫不有以見其所當然而不容已與其所以然而不可易者, 必其表裏精粗無所不盡, 而又益推其類以通之. 至於一旦脫然而貫通焉, 則於天下之物, 皆有以究其義理精微之所極, 而吾之聰明睿智, 亦皆有以極其心之本體, 而無不盡矣."

"사람이 학문을 하는 이유에 대해서는 심心과 리理의 관계로 설명할 수 있다." 주자朱子의 이 말 안에는 치지致知·격물格物의 의미에 대한 설명이 완벽하게 갖추어져 있다. "실행하는 방법에 대해 말하자면, 혹은 생각이라는 은미한 영역을 살피고, 혹은 글에서 구하며, 혹은 강론할 때 탐색하여 몸과 마음, 성性과 정情의 덕德이나 인륜의 일상적 삶으로부터 천지天地와 귀신鬼神의 변화와 조수鳥獸와 초목草木에 대한 적절한 방식에 이르기까지 어떤 사물에서든 그 당연히 그러해서 그만둘 수 없고 그 현상의 이유여서 바꿀 수 없는 바가 무엇인지 다 이해할 수 있게 하되, 반드시 그 겉과 안, 정밀한 부분과 거친 부분을 남김 없이 다 포괄할 수 있어야 하며, 또 나아가 그 유사한 사례로까지 확대하여 그것까지 전부 이해할 수 있어야 한다. 그렇게 하여 어느 날 한계에서 벗어난 듯이 관통하게 되면 천하의

모든 만물에 대해 그 의리義理의 가장 정미한 내용까지 알 수 있게
될 것이고, 나의 총명예지聰明睿智도 또한 모두 그 마음의 본체本體를
온전히 발현하여 미진함이 없게 될 것이다."[93]

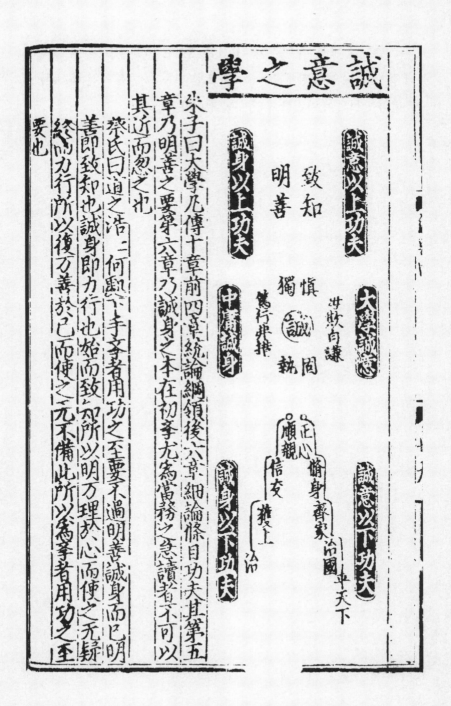

誠意之學

誠意以上功夫

大學誠意

致知
明善

誠身以上功夫

中庸誠身

慎
獨 誠 固
執

毋自欺求謙
篤行弗措

誠意以下功夫

誠身以下功夫

正心
顧諟
脩身 齊家 治國 平天下
信友
獲上
治

朱子曰大學凡傳十章前四章統論綱領後六章細論條目功夫其第五
章乃明善之要學六章乃誠身之本在初学尤爲當務之意讀者不可以
其近而忽之也
蔡氏曰迫之浩二何歟下手字着用功之至要不過明善誠身而已明
善即致知也誠身即力行也知所以明万理於心而使之无疑
終力行所以後万善於己而使之无不備此所以爲学者用功之至
要也

성의의 학문에 대하여

誠意之學

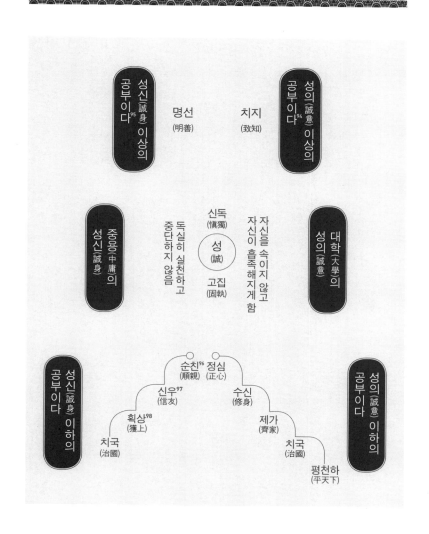

사서장도 은 팔 홍 으

朱子曰：“『大學』凡傳十章, 前四章統論綱領, 後六章細論
條目功夫。其第五章乃明善之要, 第六章乃誠身之本。在初學
尤爲當務之急。讀者不可以其近而忽之也。”
　　蔡氏曰：“道之浩浩, 何處下手? 學者用功之要, 不過明善、
誠身而已。明善卽致知也, 誠身卽力行也。始而致知, 所以明
萬理於心, 而使之無疑, 終而力行, 所以復萬善於己, 而使之無
不備。此所以爲學者用功之至要也。”

　　주자가 말하기를, “『대학大學』의 전체 전傳 10장 중에서 앞의 4장은
강령綱領을 총괄적으로 논한 것이고, 뒤의 6장은 조목條目인 공부의
내용을 세세하게 논한 것이다. 그중 제5장은 명선明善(선을 인식함)의
요체에 해당하고, 제6장은 성신誠身(몸을 성실히 함)의 근본에 해당한
다. 처음 배우는 사람들이 더욱 힘써야 할 급한 일이다. 읽는 사람들
은 그것이 천근하다고 여겨 홀시해서는 안 된다.”라고 하였다.

　　채씨蔡氏[99]가 말하기를, “도道는 크고 넓으니 어디부터 손을 대야
할까? 배우는 사람들이 노력을 기울여야 할 요체는 명선明善과 성신
誠身에 지나지 않는다. 명선은 곧 치지致知(앎을 완벽히 이룸)이고, 성
신은 곧 역행力行이다. 처음에 앎을 완벽히 이루어 가는 것은 마음
속에 온갖 이치를 인식하여 의혹이 없게 하는 길이고, 마지막에 힘
껏 행하는 것은 자기 자신이 온갖 선을 회복하여 갖추지 못함이 없
게 하는 길이다. 이것이 배우는 사람들이 힘을 쏟아야 할 지극히 요
체가 되는 내용이다.

大學中庸工夫合一之圖

大學
中庸
工夫
合一
之圖

明明德　　　　　新民　　　　　止於至善

致中和　　　　　教政　　　　　依乎中庸

按大學明明德與中庸致中和合明明德因性與氣言致中
和本性與情言自格物致知以至修身皆明明德之工也自
戒謹恐懼以至慎獨皆致中和之工也物格知至善所以明
意誠心正身修則身所以誠也大學新民與中庸教政合自
齊家以至平天下國家有九經皆教政之事家所以至天下平則新民之
效也凡為天下國家有九經皆教政之事自天地位萬物育之
以至不賞而勸不怒而威篤恭而天下平者皆教政之效也

대학과 중용의 공부가 합일된다는 그림

大學中庸工夫合一之圖

『대학(大學)』은 성(性)과 기(氣)를 합하여 말하였다.

명덕(明德)을 밝힘

중용(中庸)은 성(性)과 정(情)에 그 본을 두고 말하였다.

중화(中和)를 이룸

『대학(大學)』의 '사람들을 새롭게 함'은 '자신을 새롭게 함'을 먼저 한다.

사람들을 새롭게 함

『중용(中庸)』의 교육과 정치는 '자신을 수양함'으로부터 시작한다.

교육과 정치

『대학(大學)』의 공부에서 최종적으로 머물게 되는 이 경지는 처음에 경(敬)으로부터 들어간다

지선(至善) 최상의 단계에 머뭄

『중용(中庸)』의 공부에서 최종적으로 의존하게 되는 이 경지는 처음에 삼덕(三德)으로부터 들어간다

중용(中庸)을 의존함

大學新民自新爲先中庸九經脩身爲始大學止於至善與

中庸依乎中庸合大學所止以敬而入中庸所依以知仁勇

入貫之則皆誠也 以敬而入知之艮是真訣也以三德入如舜之闘知回之闘仁子路之闘勇

皆其法也

按『大學』明明德與『中庸』致中和合。明明德, 因性與氣言,
致中和, 本性與情言。自格物致知, 以至修身, 皆明明德之事
也。自戒謹恐懼, 以至慎獨, 皆致中和之工也。物格知至, 善所
以明 ; 意誠心正身修, 則身所以誠也。

『大學』新民與『中庸』教政合, 自齊家以至平天下, 皆新民
之事, 家齊以至天下平, 則新民之效也。凡爲天下國家有九經,
皆教政之事 ; 自天地位、萬物育以至不賞而勸、不怒而威、篤
恭而天下平者, 皆教政之效也。『大學』新民, 自新爲先, 『中庸』
九經, 修身爲始。

『大學』止於至善與『中庸』依乎中庸合, 『大學』所止以敬而
入, 『中庸』所依以知仁勇入, 貫之則皆誠也。(以敬而入, 如文王之
緝熙, 是其法也。以三德入, 如舜之謂知, 回之謂仁, 子路之謂勇, 皆其法也。)

살피건대 『대학大學』의 '명덕明德을 밝힘'과 『중용中庸』의 '중화中和
를 완벽히 이룸'은 합일된다. '명덕을 밝힘'은 성性과 기氣의 관계를
토대로 말한 것이고, '중화中和를 완벽히 이룸'은 성性과 정情에 근본
을 두고 말한 것이다. 격물格物·치지致知부터 수신修身에 이르기까
지는 모두 '명덕을 밝히는' 일이다. '삼가고 두려워함[戒謹恐懼]'부터
'혼자일 때 삼감'까지는 모두 '중화를 완벽히 이루는' 공부이다. 물物
이 완벽히 연구되고 앎이 완벽히 이루어지는 것은 선善이 밝혀지는
길이다. 생각이 성실해지고 마음이 바르게 되며 몸이 수양되는 것
은 몸이 성실해지는 길이다.

四書章圖

隸釋總要

『대학大學』의 '사람들을 새롭게 함'과 『중용中庸』의 교육과 정치는 합일된다. 제가齊家부터 평천하平天下에 이르기까지 모두 '사람들을 새롭게 하는' 일이고, 집안이 가지런해지는 것부터 천하가 고르게 되는 것은 '사람들을 새롭게 한' 효과이다. 천하국가天下國家를 다스리는 데는 '9개의 핵심[九經]'이 있는데 모두 교육과 정치의 일이다. '천지가 제자리를 잡고 만물이 길러지는 것'으로부터 '상을 주지 않아도 권장되고, 노하지 않아도 위엄이 서며, 순후하고 공경한 마음을 가지고 있을 뿐인데 천하가 고르게 되는 것'은 모두 교육과 정치의 효과이다. 『대학大學』의 '사람들을 새롭게 함'은 '자신을 새롭게 함'을 우선 하고, 『중용中庸』의 '9개 핵심'은 '자신을 수양함'부터 시작한다.

『대학大學』의 '지선至善에 머묾'과 『중용中庸』의 '중용中庸에 의존함'은 합일된다. 『대학大學』이 머물게 되는 경지는 '경敬'으로부터 들어가는 것이고, 『중용中庸』이 의존하게 되는 경지는 '지인용(知仁勇'으로부터 들어간다. 그것을 관통하는 것은 모두 성誠이다. ('경敬을 통해 접근해 들어간다'라는 것은 예를 들어 문왕文王의 '이어지고 빛남'[101]이 바로 그 방법을 지칭하고, '삼덕三德을 통해 접근해 들어간다'라는 것은 예를 들어 순舜의 경지를 '지知'라고 하고, 안연顏淵의 단계를 인仁이라고 하고, 자로子路의 방식을 용勇이라고 하는 것이 모두 그 방법을 지칭한다.)

○大學言學中庸言教

大學專言學而不及教至傳之九章齊家治國平天　方出
教字然朱子序之則首言古之大學所以教人之法　終篇
無非明治教之旨中庸寧言教而不及學至傳之二十章幾
為天下國家有九經方小山學字然朱子序之則首言中庸之
作子思子憂道學之失其傳而終篇無非明繼往開來之學
學與教非二也惟大學者四代之教其經一章自知止以至
於天下平實皆教人之成法而天子之元子衆子與夫公卿
大夫及庶人之子莫不由教而入故其書雖專言學而九

『대학』은 배움을 말하고
『중용』은 가르침을 말한다
大學言學中庸言教

『大學』專言學而不及教, 至傳之九章齊家、治國、平天下,
方出教字, 然朱子序之, 則首言 "古之大學所以教人之法", 而
終篇無非明治教之旨 ;『中庸』傳言教而不及學, 至傳之二十
章 "凡爲天下國家有九經", 方出學字, 然朱子序之, 則首言 "中
庸之作, 子思子憂道學之失其傳", 而終篇無非明繼往開來之
學。學與教非二也。

惟『大學』著四代之教, 其經一章自知止以至於天下平, 實
皆教人之成法, 而天子之元子、衆子與夫公卿大夫及庶人之子
弟, 莫不由教而入。故其書雖專言學而九章之言, 則曰 "其家
不可教而能教人者, 無之" 又曰 "君子不出家而成教於國"。朱
子必終始提出此字者, 恐上之人或不知所以立教也。

『中庸』爲三聖授受之學, 其第一章自 "道不可離" 以至於
"天地立、萬物育", 實皆學問之極功, 而成湯文武之爲君、皐陶

章之言則曰其家不可教而能教人者無之又曰君子不出
家而成教於國朱子必終始提出此字者恐上之人或不知
所以立教也中庸為三聖授受之學其第一章自道不可離
以至於天地位萬物育實皆學問之極功而成湯文武之寫
君羊陶伊傅周召之寫臣莫不以學相承故其書雖專言教
而二十章之言則曰博學之又曰有弗學學之弗能弗措也
朱子又終始提出此字者恐下之人或不知所以強方也又
如大學言心不言性而朱子之序則首曰天降生民不與
之以仁義禮智之性中庸言性不言心而朱子之序則首
上智不能無人心下愚不能無道心朱子於此體認備至故
其發明更無餘蘊至於道之一字小
之傳俱不越此一道爾然大學雖首云大學之道則聖聖
近道其中却多有指為教所由施之術者如曰絜矩之道君

伊傅周召之爲臣, 莫不以學相承。故其書雖專言教, 而二十章之言, 則曰 "博學之", 又曰 "有弗學, 學之, 不能, 弗措也。" 朱子又終始提出此字, 恐下之人或不知所以強學也。

又如『大學』言心不言性, 而朱子之『序』, 則首曰 "天降生民, 莫不與之以仁義禮智之性"；『中庸』言性不言心, 而朱子之『序』, 則首曰 "上智不能無人心, 下愚不能無道心"。

朱子於此體認備至, 故其發明更無餘蘊, 至於道之一字,『大學』大小之序、『中庸』聖聖之傳, 俱不越此一道爾。然『大學』雖首云大學之道, 繼之曰 "則近道", 其中卻多有指爲教所由施之術者。如 "絜矩之道"、"君子有大道"、"生財有大道", 均以道術者言也。

『中庸』則首云 "率性之謂道", 繼之曰 "道也者, 不可須臾離", 其中卻盡指爲學所當行之道。如曰 "道其不行"、"君子之道"、"天下之達道", 均以道路者言也。故『大學序』多言道術,『中庸序』又專言道統。所以朱子曰『大學』一書有正經, 有註解, 有『或問』。不用某許多工夫, 看某底不出；不用聖賢許多工夫, 亦看聖賢底不出。" 觀此則概可見矣。

『대학大學』은 전적을 배움에 대해 말하고 가르침에 대해서는 다루지 않고 전傳의 제9장인 '제가齊家・치국治國・평천하平天下'[102]에 이르러서야 '가르침[教]'이라는 글자가 처음 나온다. 하지만 주자朱子가 서문을 쓰면서는 첫머리에 '옛날 대학大學에서 사람을 가르치던

子有大道生財有大道均以道術者言也中庸則首二字率性
之謂道繼之曰道也者不可須史離其中却盡指為學所當
行之道如曰道其不行君子之道天下之達道均以道路者
言也故大學序多言道術中庸序又專言道統所以朱子曰
大學一書有正經有註解有或問不用其許多工夫看其底
不出不用聖賢許多工夫亦看聖賢底不出觀此則瞭見矣

법'이라는 말을 하고 서문의 전체 내용이 끝까지 다스림과 가르침에 대해 밝히는 내용이 아닌 것이 없었다. 『중용中庸』은 전적으로 가르침에 대해 말하고 배움에 대해서는 다루지 않고 전傳의 20장 '무릇 천하국가를 다스리는 데는 아홉 가지 핵심[九經]이 있다'라는 대목에 이르러서야 '배움[學]'이라는 글자가 처음 나온다. 하지만 주자가 서문을 쓰면서는 첫머리에 "『중용中庸』을 지은 것은 자사자子思子가 도학道學에 제대로 전수되지 못할까 염려해서였다"라고 말하였고 서문의 전체 내용이 끝까지 옛 성인을 계승하고 후세를 열어 주는 배움에 대해 밝히는 내용이 아닌 것이 없었다. 배움과 가르침은 둘이 아니다.

『대학大學』의 서문에서 4대代[103]의 가르침에 대해 드러내었고, 그 중 경經인 1장은 '머물 곳을 알다'에서 '천하가 고르게 되다'에 이르기까지 실제로 모두 학생을 가르치는 확정된 방법이니 천자天子의 원자元子와 여러 아들부터 공경公卿·대부大夫 및 서인庶人의 자제에 이르기까지 모두 가르침을 통해 성인의 길로 들어서지 않는 경우가 없었다. 그래서 그 책은 비록 전적으로 배움에 대해 말하였지만 제 9장의 내용에서는 "그 집안을 가르치지 못한 상태에서 남을 가르칠 수 있는 경우는 없다."라고 하였고, 또 "군자는 집안을 나가지 않고도 국내에 가르침을 이룰 수 있다."라고 하였다. 주자朱子가 반드시 처음부터 끝까지 이 글자를 거론하였던 것은 윗사람들이 혹여 가르침을 세울 수 있게 되는 방법을 알지 못할까 염려해서였다.

『중용中庸』의 서문은 세 성인聖人이 전수한 배움의 내용에 대해 말하였고, 그 제1장은 '도道는 떠날 수 없다'부터 '천지가 제자리를 잡고 만물이 길러진다'까지 실제로 모두 학문의 지극한 성과에 대해 말한 것이며, 성탕成湯과 문무文武가 군주의 구실을 하였던 것과 고요皐陶·이윤伊尹·부열傅說·주공周公·소공召公이 신하의 구실을 하였던 것이 모두 배움을 서로 계승하지 않은 것이 없었다. 그래서 그 책은 비록 전적으로 가르침에 대해 말하였지만 제20장의 내용에서는 '널리 배우다'라고 하였고, 또 "배우지 않는 것은 있겠지만 배울 경우에는 능하게 되지 않고서는 그만두지 않는다"라고 하였다. 주자朱子는 또 처음부터 끝까지 이 글자를 제기하였는데, 사람들이 혹여 억지로나마 배울 수 있는 길을 알지 못할까 염려해서였다.

또 예를 들어 『대학』에서는 '심心'만 말하고 '성性'을 말하지 않았는데 주자朱子의 서문에서는 첫머리에 "하늘이 인류를 태어나게 할 때 누구에게나 인의예지仁義禮智의 성性을 주었다."라고 하였고, 『중용中庸』에서는 '성性'만 말하고 '심心'을 말하지 않았는데 주자의 서문에서는 첫머리에 "최고의 지혜를 가진 이도 인심人心이 없을 수 없고, 가장 어리석은 사람도 도심道心이 없을 수 없다"라고 하였다.

주자는 이 문제에 대해 완벽하고 철저하게 이해하고 있었기 때문에 그가 드러내 밝힌 것은 더 이상 남은 내용이 없었다. '도道'라는 한 글자에 대해 말한다면, 대학大學의 크고 작은 차례와 중용中庸을 성인들이 전승한 것이 모두 이 하나의 도道를 벗어나지 않는다. 하지만 『대학』에서는 비록 '대학의 도道'라고 하였지만, 이어서 '도道에 가깝다'라고 하여 그 안에는 오히려 가르침을 펼치는 방법을 지칭하는 것이 많다. 예를 들어 '혈구지도絜矩之道',[104] '군자君子는 큰 도道가 있다', '재화를 만들어 내는 데는 큰 도道가 있다'와 같은 말들에서는 모두 '방법[道術]'이라는 의미로 사용되었다. 『중용中庸』에서는 첫머리에 '성性을 따른 것을 도道라고 한다'라고 하였고, 이어서 '도道란 잠시라도 떠날 수 없다'라고 하여 그 안에서는 오히려 전부 배울 때 걸어야 할 길을 지칭하였다. 예를 들어 '길은 아무도 다니지 않게 될 것이다', '군자의 길', '천하의 두루 통하는 길'이라는 말들은 모두 길이라는 의미로 사용되었다. 그래서 『대학』의 서문에서는 '방법[道術]'에 대해 많이 말하였고, 『중용』의 서문에서는 전적으로 도통道統[105]에 대해서 말하였다. 그래서 주자朱子는 "『대학』이라는 책에는 원문이 있고, 주석[106]이 있고, 『혹문或問』이 있다. 내가 들인 숱한 노력을 들이지 않고서는 나의 말을 이해하지 못할 것이다. 성현의 숱한 노력을 들이지 않고서는 또한 성현의 말을 이해하지 못할 것이다."라고 하였다. 이것을 보면 대개의 의미를 알 수 있을 것이다.

○中庸說

項平菴曰天命之謂性自然之中也率性之謂道自然之和
也脩道之謂教君子學以致其中和也自此以下皆教之事
道也者不可須臾離也可離非道也此言太虛沖漠未發者
之不可失也戒慎不睹恐懼不聞所以存之也真見乎隱莫
顯乎微此言樂然朕兆將發者之不可妄也君子慎獨所以
審之也喜怒哀樂未發謂之中則所存者得矣發而中節謂

중용실
中庸說

項平菴曰："天命之謂性, 自然之中也；率性之謂道, 自然
之和也；修道之謂教, 君子學以致其中和也。自此以下, 皆教
之事。'道也者, 不可須臾離也, 可離, 非道也', 此言太虛沖漠未
發者之不可失也；'戒愼不睹, 恐懼不聞', 所以存之也；'莫見
乎隱, 莫顯乎微', 此言幾微朕兆將發者之不可妄也；'君子愼
獨', 所以審之也；'喜怒哀樂未發, 謂之中', 則所存者得矣；'發
而中節, 謂之和', 則所審者當矣；'中也者, 天下之大本也', 天
命之性也；'和也者, 天下之達道也', 率性之道也；'致中和, 天
地位, 萬物育', 修道之極功也；'天地位', 中之至也；'萬物育',
和之極也。"[107]

항평암項平菴[108]이 말하기를, "'하늘이 명한 것을 성이라고 한다'라
는 것은 자연스러운 중中이고, '성性을 따른 것을 도道라고 한다'라

之和則所審者當矣中也者天下之大本也天命之性也和也者天下之達道也率性之道也致中和天地位萬物育循道之極功也天地位中之至也萬物育和之極也

274

는 것은 자연스러운 화和이며, '도道를 다듬은 것을 교教라고 한다'라는 것은 군자가 배워서 그 중화中和를 이루는 것이다. 이 이하는 모두 가르침에 대한 일이다. '도道라는 것은 잠시도 떠날 수 없는 것이다. 떠날 수 있으면 도가 아니다.'라는 이 말은 태허太虛의 충막沖漠인 미발未發을 잃어서는 안 된다는 의미이다. '보지 않을 때 삼가며 듣지 않을 때 두려워한다'라는 것은 보존하는 방법이다. '숨겨진 것보다 잘 보이는 것은 없고 미미한 것보다 잘 드러나는 것은 없다'라는 말은 기미幾微의 징조가 막 드러나려고 할 때 함부로 해서는 안 된다는 의미이다. '군자는 혼자일 때 삼간다'라는 것은 잘 살피는 방법이다. '희로애락喜怒哀樂이 발하지 않은 것을 중中이라고 한다'라는 것은 보존한 것이 잘 된 상태이다. '발하여 절도에 맞는 것을 화和라고 한다'라는 것은 살핀 것이 적절해진 상태이다. '중中이란 천하의 대본大本이다'라는 것은 하늘이 명한 성性이다. '화和란 천하의 두루 통하는 길이다'라는 것은 성性을 따른 도道이다. '중화中和를 완벽히 이루면 천지가 제자리를 잡고 만물이 길러진다'라는 것은 도道를 잘 다듬은 궁극적 성과이다. '천지가 제자리를 잡는다'라는 것은 '중中'의 지극한 경지이고, '만물이 길러진다'라는 것은 화和의 지극한 경지이다."라고 하였다.

○費隱說

道之躰用猶木之本根枝葉也非本根則枝葉無自而生非
枝葉則本根無自而見枝葉之發於外者費也本根之藏於
內者隱也故道之在天下以在人者言惻隱羞惡辭讓是非
用之費也仁義禮智躰之隱也以在天者言春生夏長秋收
冬藏用之費也元亨利貞躰之隱也以在人對在天者言惻
仁義禮智各正其性費也元亨利貞四者又相為躰用元亨
誠之通費也禮智利貞誠之復隱也然元又通之始貞又復之極
故元雖四德之首而貞乃元之萌是惻隱者也仁義
禮智之在人其理亦猶是學者存養躰察而默識之可也

넓음과 감춤에 대하여
費隱說

道之體用, 猶木之本根、枝葉也。非本根則枝葉無自而生,
非枝葉則本根無自而見。枝葉之發於外者, 費也；本根之藏於
內者, 隱也。故道之在天下, 以在人者言, 惻隱、羞惡、辭讓、是
非, 用之費也, 仁義禮智, 體之隱也；以在天者言, 春生、夏長、
秋收、冬藏, 用之費也, 元亨利貞, 體之隱也。以在人對在天者
言, 則仁義禮智, 各正其性, 費也, 元亨利貞四者又相爲體用:
元亨, 誠之通, 費也；利貞, 誠之復, 隱也。然元又通之始, 貞又
復之極, 故元雖四德之首, 而貞乃元之萌。是惻隱之至隱者也。
仁義禮智之在人, 其理亦猶是。學者存養體察而默識之, 可也。

도道의 체體와 용用은 마치 나무의 본근本根과 지엽枝葉과 같다. 본
근이 아니면 지엽이 생겨날 수가 없고, 지엽이 아니면 본근의 잠재
성이 드러날 수가 없다. 지엽이 밖으로 드러나는 것이 비費(넓음)이

사서장도
은팔찌
요

고, 본근이 안에 간직되어 있는 것이 은隱(감춤)이다. 그러므로 도道가 천하에 존재하는 방식은, 사람의 차원에서 말하자면 측은惻隱·수오羞惡·사양辭讓·시비是非로 드러난 정情은 용用의 넓음이고 인의예지仁義禮智의 성性은 체體의 감춤이며, 천지의 차원에서 말하자면 봄에 생겨나고 여름에 자라며 가을에 거둬지며 겨울에 간직되는 것은 용의 넓음이고 원형리정元亨利貞은 체의 감춤이다. 사람의 차원과 천지의 차원을 대비시켜 말하자면 인의예지가 각각 그 성性을 올바로 가진 것이 '넓음'이다. 원형리정 네 가지는 또 체와 용의 관계가 성립한다. 원元과 형亨은 성誠의 펼쳐 나감이어서 '넓음'이고, 이利와 정貞은 성誠의 거둬들임이어서 '감춤'이다.[109] 하지만 원元은 또 펼쳐 나감의 시작이고 정貞은 또 거둬들임의 궁극이다. 그러므로 원元은 비록 사덕四德의 우두머리이지만 정貞이 원元의 싹틈이니, 이것은 감춰진 것 중에서 가장 지극히 감춰진 것이다.[110] 인의예지仁義禮智가 사람에 존재하는 양상도 그 이치와 또한 이와 같다. 배우는 이들이 잘 간직하고 기르며 관찰하고 살펴서 묵묵히 알아야 할 것이다.

○人心道心說

心

人—人欲—危殆—精—去人欲—窮理—明

道—天理—微妙—一—循天理—盡性—誠

中

人惟有一心而以為有人心道心之別者何哉蓋知覺從欲上去便是人心知覺從天理上去便是道心人心危殆而難安道心微妙而難見精則察之審而有以去此心之人欲一則守之固而有以存此心之天理人欲既去則此心淨盡而能窮理天理既存則此心純粹而能盡性惟能窮理也而有以全此心之明惟能盡性也而有以存此心之誠惟明也則能用其中而不偏惟誠也則能守其中而不變故曰允執厥中言至是則信其有執是中也

인심도심설

人心道心說

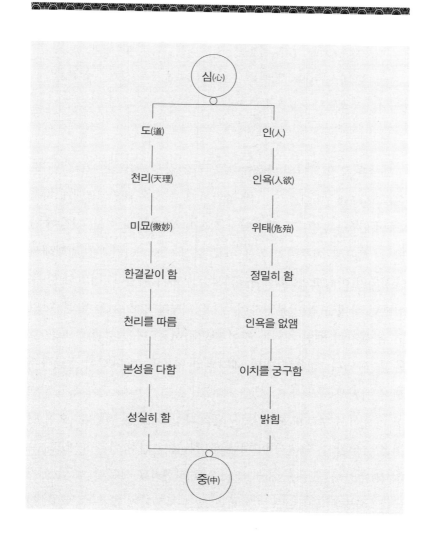

人惟有一心, 而以爲有人心道心之別者, 何哉? 蓋知覺從人欲上去, 便是人心; 知覺從天理上去, 便是道心。人心危殆而難安, 道心微妙而難見。精則察之審, 而有以去此心之人欲, 一則守之固, 而有以存此心之天理。人欲既去, 則此心淨盡, 而能窮理; 天理既存, 則此心純粹, 而能盡性。惟能窮理也, 而有以全此心之明; 惟能盡性也, 而有以存此心之誠。惟明也, 則能用其中而不偏; 惟誠也, 則能守其中而不變。故曰 "允執厥中", 言至是則信其有執是中也。

사람은 오직 하나의 마음이 있는데 '인심人心(사람의 마음)[111]'과 '도심道心(도道에 부합하는 마음)'의 구별이 있는 것은 왜인가? 대개 지각知覺이 인욕人欲 쪽으로 이루어진 것은 바로 인심人心이고, 지각이 천리天理 쪽으로 이루어진 것은 바로 도심道心이다. 인심은 위태해서 안정되기 어렵고 도심은 미묘해서[112] 보이기 어렵다. 정밀히 할 수 있으면 살피는 것이 분명하여 이 마음 속의 인욕人欲을 없앨 수 있고, 한결같이 하면 지키는 것이 단단하여 이 마음의 천리天理를 보존할 수 있다. 인욕이 이미 제거되면 이 마음이 완전히 정갈하게 되어 이치를 궁구할 수 있을 것이고, 천리가 이미 존재하게 되면 이 마음이 순수하게 되어 그 본성을 다할 수 있을 것이다. 오직 이치를 궁구할 수 있어서 이 마음의 밝음을 온전히 이룰 수 있고, 오직 본성을 다할 수 있어서 이 마음의 성실함을 보존할 수 있는 것이다. 이해력이 밝으면 그 중中을 쓰고 치우치지 않을 수 있고, 성실하면 그 중을 지쳐 변하지 않을 수 있다. 그래서 '윤집궐중允執厥中'이라고 한 것이니, 이 경지에 이르면 진실로 이 중을 잡게 된다는 말이다.

沈毅齋先生曰舜禹傳心之妙言執中而必本之以惟精惟

一言而必先之以人心道心人果有二心哉切嘗參前

言而論之矣周子之言無極純乎理也未可分為二也理不

能不附於氣則真精妙合散而為物矣之賦于已不能無二

者之合矣張子之言太虛純乎天也未可分為二也性不能

不雜於氣則合性知覺聚而為心人之稟受已不能無二者

之合矣理合於氣而後天地行化育之用氣合於理而後聖

賢有存察之功苟不自合於一者而察其二焉能中別其二

者而守其一耶人生之初天地之塞吾其體得之為能為目

口之形則凡知覺生於形氣之私者人心也天地之帥吾其

性得之而為仁義禮知之理則凡知覺原於性命之正者道

心也方此心之寂而靜也理氣混合而存於中人即道道即

人雖桀跖亦可以為堯舜也及此心之感而動也理氣分別

또 하나

又

沈毅齋先生曰：“舜、禹傳心之妙, 言執中, 而必本之以惟精惟一；言精一, 而必先之以人心、道心。人果有二心哉! 切嘗參前言而論之矣。周子之言無極, 純乎理也, 未可分爲二也, 理不能不附於氣, 則眞、精妙合, 散而爲物, 天之賦予, 已不能無二者之合矣；張子之言太虛, 純乎天也, 未可分爲二也, 性不能不雜於氣, 則合性、知覺, 聚而爲心, 人之禀受, 已不能無二者之合矣。

理合於氣, 而後天地行化育之用；氣合於理, 而後聖賢有存、察之功。苟不自合於一者, 而察其二, 焉能由別其二者, 而守其一耶? 人生之初, 天地之塞, 吾其體, 得之爲耳目鼻口之形, 則凡知覺生於形氣之私者, 人心也；天地之帥, 吾其性, 得之而爲仁義禮知之理, 則凡知覺原於性命之正者, 道心也。方此心之寂而靜也, 理氣混合, 而存於中, 人即道, 道即人, 雖桀、

而應乎外人自人道自道雖堯舜亦恐其桀跖矣能精能一
則人欲不勝乎天理雖下愚皆可以反其天不精不一則天
理不足以勝人欲雖上智亦未免隨於物所以察之則別其
兩而後可守之而主乎一其用工蓋不間於智愚也朱子說
人心生於形氣之私及說精一則曰人莫不有是形雖上智
不能無人心形而不及乎氣蓋氣出於天形所自而切
於人心者莫如形孟子所謂口之於味目之於色是也說道
心原於性命之正及說精一則曰人莫有是性雖下愚不能
無道心言性而不及乎命蓋命行於天性所自稟而切於道
心者莫如性孟子所謂仁之於父子義之於君臣是也二者
雜於方寸之間而不知所以治之則危者愈危微者愈微而
天理之公卒無以勝大人欲之私矣何謂危人心非遽惡也
危與安對形氣之徇目切於隘弱則危而不安矣何謂微道心

蹠亦可以爲堯舜也；及此心之感而動也，理氣分別，而應乎外，人自人，道自道，雖堯、舜，亦恐其桀、蹠矣。

能精能一，則人欲不勝乎天理，雖下愚皆可以反其天；不精不一，則天理不足以勝人欲，雖上智亦不免墮於物。所以察之則別其兩，而後可守之，而主乎一，其用工蓋不間於智愚也。

朱子說'人心生於形氣之私'，及說精一，則曰'人莫不有是形，雖上智不能無人心'，言形而不及乎氣。蓋氣出於天，形所自有，而切於人心者，莫如形，孟子所謂'口之於味，目之於色'，是也；說'道心原於性命之正'，及說精一，則曰'人莫[113]有是性，雖下愚不能無道心'，言性而不及乎命，蓋命行於天，性所自稟，而切於道心者，莫如性，孟子所謂'仁之於父子，義之於君臣'，是也。

'二者雜於方寸之間，而不知所以治之，則危者愈危，微者愈微，而天理之公，卒無以勝夫人欲之私矣。'何謂危？人心非遽惡也。危與安對，形氣之循，易於陷溺，則危而不安矣。何謂微？道心未嘗無也。微與著對，性命之妙，至於昏昧，則微而不著矣。於形氣上重，則於性命上輕。陷溺於人欲則危，不止危而流爲惡；昏昧乎天理則微，不止微而亡其善。

治之之功，在下愚，固當因形氣之發而治之，在上智，亦豈可謂性命之全而不治之耶？於理氣混合之中，而察夫二者之分，則可嚴理、欲之辨，而守夫本心之正矣。使於人心而察之不精，是不知'性也，有命焉'之理。聖人何必爲遊逸之戒、淫樂之徵？

未嘗無也微與著對性命之妙至於昏昧則微而不著矣故
形氣上重則於性命上輕陷溺於人欲則危不止危而流為
惡昏昧乎天理則微不止微而亡其善治之之功在下愚固
當因形氣之發而治之在上智亦豈可謂性命之全而不治
之耶於理氣混合之中而察夫二者之分則可嚴理欲之辨
而守夫本心之正矣使於人心而察之不精是不精也有
命焉之理聖人何必為遊逸之戒淫樂之徵是聖人雖不徇
形氣之私而精察之功不可無也使於道心而守之不一是
不知命也有性焉之理聖人何必為兢兢之義業業之敬
聖人已純乎性命之正而持守之功未嘗廢也故養則付命
於天所以節制人心而不使太過逸則責成於己所以充廣
道心而使無不及兢兢業業未嘗一息或忘未嘗一毫不謹
也自人心收轉來便是道心自道心放出去便是人心蓋心

是聖人雖不循形氣之私, 而精察之功不可無也。使於道心而守
之不一, 是不知 '命也, 有性焉' 之理, 聖人何必爲烝烝之乂、夒
夒之敬? 是聖人已純乎性命之正, 而持守之功未嘗廢也。故養
則付命於天, 所以節制人心而不使太過; 道則責成於己, 所以
充廣道心而使無不及。兢兢業業, 未嘗一息或忘, 未嘗一毫不
謹也。自人心收轉來, 便是道心, 自道心放出去, 便是人心。

蓋心雖爲神明不測之妙, 而實有操舍不常之幾, 人豈能閉口
枵腹絕類離倫, 舍人言道, 以墮於虛寂哉! 亦不溺聲惑色嗜味
窮欲, 循人失道, 以墮於物欲爾。自知覺之微幾, 而別理、欲之
大界, 窮之而別其兩, 則守之而統乎一矣。

至食而審其所當食, 衣而審其所當衣, 人心上之精一也, 而
道不外於人矣; 孝不爲妻子而衰, 忠不爲利害而移, 道心上之
精一也, 而人不得以間道矣。至是, 則道固道也, 人亦道也。其
爲一, 豈有二哉!

孔子曰: '操則存, 舍則亡。出入無時, 莫知其鄕。' 蓋心不操
則舍, 不出則入。放出雖易, 而收斂不難, 非追旣往之心爲方返
之心。此不可以兩心言也。舜曰: '人心惟危, 道心惟微。惟精
惟一, 允執厥中。' 蓋心有人有道, 有危有微。知覺之同而理欲
之異, 有從心之聖賢, 無放心之聖賢。此不可不以兩心言也。

孔子於存亡之異而言其非二心, 爲下愚言也; 帝舜於理氣
之合而別其爲二心, 爲上智言也。心者事之本, 天理中純, 則人
事外應, 如持衡以稱物, 而輕重各當矣; 如指鑑以別物, 而姸

雖為神明不測之妙而實有操舍不常之幾人豈能閉口椊

腹絕類離倫舍人言道以墮於虛寂哉亦不溺聲惑邑嗜味

窮欲徇人失道以墮於物欲爾自知覺之微幾而別理欲之

大界窮之而別其兩則守之而統乎一矣至食而審其所當

食衣而審其所當衣人心上之精一也而道不外於人矣

不為妻子而衰忠不為利害而移道心上之精一也心不

得以間道矣至是則道固道也人亦道也其為一豈有二哉

孔子曰操則存舍則亡出入無時莫知其鄉蓋心不操則舍

不出則入放出雖易而收歛不難非追餓往之心為方返之

心此不可以兩心言也舜曰人心惟危道心惟微惟精惟一

允執厥中蓋心有人有道有危有微知覺之同而理欲之異

有從心之聖賢無放心之聖賢此不可不以兩心言也孔子

於存亡之異而言甘共非二心為下愚言也帝舜於理氣之

醜莫遁矣。動靜云爲, 尚何不合乎自然之理者?『顏子好學論』
所謂 '明諸心, 知所往', '明諸心' 者, 知一心之是非而無蔽, '知
所往' 者, 知萬事之是非而不差也。

但聖人與學者之工夫有不同者 : 一自心性上用工, 舜之所
謂惟精惟一也。『中庸』則戒懼於我之所不睹不聞, 以存天理之
正 ; 愼獨於人之所不睹不聞, 以防人欲之私。然自性出者, 察
於動, 以爲持守之功 ; 由敎入者, 養於靜, 以爲體察之用。此心
性上用工之不同也。一自事物上用工, 『中庸』之所謂知行也。
『大學』以格物爲道學之首, 以誠意爲身修之首。聖人則不思而
得, 學者則未能不思而貴於擇善 ; 聖人則不勉而中, 學者則未
能不勉而貴於固執。此事物上用工之不同也。

朱子嘗以此之精一與『論語』之克復合爲封事。克者勝人欲
之私, 復者復天理之正。非至明, 不足以察其幾, 故於 '四非' 必
知之明 ; 非至健, 不足以致其決, 故於 '四勿' 則行之勇。所以
上言 '克己', 下言 '由己'。'由己' 者, 視聽言動之合禮者也 ; '克
己' 者, 視聽言動之非禮者也。舜以一心分人、道, 孔子以一己
分克復, 亦嚴理、欲之間耳。中貫萬事, 必別理、欲而精一之,
始可以執中。仁體萬物, 必別理、欲而克復之, 始可以爲仁。其
理一而已矣。

심의재沈毅齋 선생이 다음과 같이 말하였다. "순舜임금과 우禹임금
이 마음으로 전한 묘결妙訣[114]에서는 '중中을 잡음'에 대해 말하면서

而別其為二心為上智言也心者事之本天理中純則人事
外應如持衡以稱物而輕重各當矣如指鑑以別物而妍醜
莫遁矣動靜云為尚何不合乎自然之理者顏子好學論所
謂明諸心知所往明諸心者知一心之是非而無蔽知所往
者知萬事之是非而不差也但聖人與學者之工夫有不同
者一自心性上用工舜之所謂惟精惟一也中庸則戒懼於
我之所不睹不聞以存天理之正慎獨於人之所不睹不聞
以防人欲之私然自性出者察於動以為持守之功由教入
者養於靜以為躲祭之用此心性上用工之不同也一自事
物上用工中庸之所謂知行也大學以格物為道學之首以
誠意為身脩之首聖人則不思而得學者則未能不勉而貴
於擇善聖人則不勉而中學者則未能不思而貴於固執此
事物上用工之不同也朱子嘗以此之精一與論語之克復

반드시 '정밀히 함'과 '한결같이 함'을 근본에 두었고, '정밀히 함'과 '한결같이 함'을 말하면서 반드시 '인심人心'과 '도심道心'을 먼저 말하였다. 사람이 과연 두 마음이 있겠는가! 삼가 이전 사람들의 말을 참고하여 이 문제에 대해 논해 본 적이 있다.

　주렴계가 '무극無極'을 말한 것은 순수히 리理만 거론한 것이어서 아직 둘로 나뉘지 않은 것이다. 그런데 리理는 기氣에 의존하여 존재할 수밖에 없기에 무극의 참됨과 음양·오행의 정수가 묘하게 합하여서는 각자 별개의 개체가 되니 하늘로부터 주어진 본연적 실존 자체에 이미 둘의 결합이 없을 수가 없다. 장횡거가 '태허太虛'를 말한 것은 순수히 하늘만 거론한 것이어서 아직 둘로 나눌 수 없다. 하지만 성性은 기氣에 섞이지 않을 수 없기에 성性과 지각知覺이 결합하여서는 모여 '마음'이 되니 사람이 품부받은 것에 이미 둘의 결합이 없을 수 없다.[115] 리理가 기氣에 합해진 뒤에야 천지가 화육化育의 작용을 발휘할 수 있으며, 기氣가 리理에 합해진 뒤에야 성현에게 존양存養과 성찰省察의 공부가 필요해지게 된다. 하나로 결합되어 있는 상태를 토대로 그것이 둘의 결합임을 살피지 못한다면 어떻게 그 둘을 구별해 내는 과정을 통해 그 올바른 통일성을 지킬 수 있겠는가. 사람이 처음 태어날 때 천지를 가득 채운 그 기氣가 나의 몸을 이루어서 내가 그것을 얻어 귀, 눈, 코, 입의 형체를 형성하게 되는데 무릇 지각知覺이 이 형기形氣의 개체성에서 생길 경우 그것은 인심人心이며, 천지를 이끄는 그것이 나의 본성을 이루어서 내가 그것을 얻어 인의예지의 리理를 갖추게 되는데 무릇 지각이 이 성명性命의 올바름에서 근원하는 것은 도심道心이다.

合為封事克者勝人欲之私復者復天理之正非至明不足
以察其幾故於四非必知之明非至健不足以致其決故於
四勿則行之勇所以上言克己下言由己由己者視聽言動
之合禮者也克己者視聽言動之非禮者也舜以一心分人
道孔子以一己分克復亦嚴理欲之間耳中貫萬事必別理
欲而精一之始可以執中仁體萬物必別理欲而克復之始
可以為仁其理一而已矣

이 마음이 한창 고요하고 고요하여 움직이지 않을 때는 리理와 기氣가 혼합된 채 우리 내면에 존재하고 있으므로 이때는 인심이 곧 도심이고 도심이 곧 인심이어서 비록 걸桀이나 도척盜蹠 같은 자라고 해도 또한 요순堯舜이 될 수 있다. 그러다가 이 마음이 감응을 일으켜 움직일 때에는 리理와 기氣가 분리되어 밖의 자극에 응하게 되면 이때는 인심은 인심이고 도심은 도심이어서 비록 요순堯舜이라고 해도 또한 걸이나 도척처럼 되지 않을까 염려스럽게 된다.

정밀히 할 수 있고 한결같이 할 수 있으면 인욕人欲이 천리天理를 이길 수 없어서 비록 가장 어리석은 사람이라고 하더라도 모두 그 타고난 본성을 회복할 수 있을 것이다. 반대로 정밀히 할 수 없고 한결같이 할 수 없으면 천리가 인욕을 이길 수 없어서 비록 가장 지혜로운 사람이라도 물건의 수준으로 떨어질 수밖에 없게 된다. 그러므로 잘 살피면 둘 사이를 구별할 수 있는데 그런 뒤에야 지켜서 하나에 집중할 수 있는 것이다. 그 노력을 들이는 방법은 대개 지혜로운 사람이나 어리석은 사람의 차이가 없다.

주자朱子는 '인심人心은 형기形氣의 개체성에서 생긴다.'라고 하였고, '정밀히 하고 한결같이 함'에 대해 말할 때에는 '사람은 이 형체가 없는 사람이 없어서 비록 가장 지혜로운 사람이라도 인심이 없을 수 없다'라고 말하여, '형形'만 말하고 '기氣'는 언급하지 않았다. 대개 기氣는 하늘로부터 타고난 것으로서 형체가 있으면 자연히 가지게 되는 것인데다 인심人心에 가장 절실한 것으로는 형체만한 것이 없다. 맹자孟子의 이른바 '입이 맛에 대한 것과 눈이 색色에 대한 것'이 바로 이것이다.[116] 또 '도심道心은 성명性命의 올바름에서 근원한다'라고 하였고, '정밀히 하고 한결같이 함'에 대해 말할 때에는 '사람은 이 성性을 가지지 않는 이가 없으니 비록 가장 어리석은 사람이라고 해도 도심道心이 없을 수 없다.'라고 말하여, '성性'만 언급하고 '명命'은 언급하지 않았다. 대개 명은 하늘로부터 유행流行하는 것이어서 성性이 있으면 자연히 품부받게 되는 것인데다 도심에 절실한 것은 성性만한 것이 없다. 맹자의 이른바 '인仁이 부자父子의 관계에서, 의義가 군신君臣의 관계에서'라고 한 것이 바로 이것이다.

'둘이 방촌方寸의 마음 안에 뒤섞여 있는데 다스릴 줄 모른다면 위태한 것은 더욱 위태롭게 되고 미묘한 것은 더욱 미묘하게 되어서 천리天理의 공정함이 끝내 인욕人欲의 사사로움을 이길 수 없다.'라고 하였는데, 왜 '위태하다'라고 하는 것이겠는가? 인심은 바로 악인 것은 아니기 때문이다. 위태롭다는 것은 안정되어 있다는 의미와 상대되는 말이다. 형기形氣를 따르게 되면 쉽게 거기에 빠지게 되니 위태하고 불안한 것이다. 왜 '미묘하다'라고 하는 것이겠는가? 미묘하다는 것은 현저하다는 의미와 상대되는 말이다. 성명性命의 미묘함이 혼매한 단계까지 이르게 되면 미묘해서 드러나지 않게 된다. 형기形氣에 대한 마음이 중하면 성명性命에 대한 마음이 가볍게 된다. 인욕에 빠지게 되면 위태로우며 위태로운 데 그치지 않고 악으로 흐르게 된다. 천리에 대해 혼매하면 미묘하게 되는데 미묘한 데서 그치지 않고 그 선을 잃어버리게 된다.

그 상황을 다스리는 공부로는 가장 어리석은 사람의 경우야 당연히 그 형기形氣에서 마음이 생겼을 때 그것을 다스려 나가는 방식이어야 하는 것이고, 가장 지혜로운 사람이라고 하더라도 또한 성명性命이 온전하다고 자부하여 다스리지 않을 수 있겠는가! 리理와 기氣가 뒤섞인 상황 속에서 이 둘이 차이를 살필 수 있으면 천리와 인욕의 구별을 엄밀히 하여 본심의 올바름을 지킬 수 있을 것이다. 인심에 의해 휘둘려서 정밀하게 살피지 못한다면 이것은 '성性이긴 하지만, 명命인 측면이 있다'[117]는 이치를 잘 모른 것이다. 성인聖人들이 왜 굳이 놀며 지내는 것을 경계하고 질탕한 즐거움에 빠진 것을 경계하였겠는가? 이것은 성인이 비록 형기形氣의 사사로움을 따르지는 않지만 그래도 정밀히 살피는 도덕적 노력을 하지 않을 수 없기 때문이다. 도심을 따르지만 지키는 것이 한결같지 못한 것은 '명命이지만 성性인 측면도 있다'[118]는 이치를 모른 것이다. 성인이 왜 굳이 지속적으로 선善을 권장하여 선하게 되게 하였으며,[119] 장중하고 조심스러운 공경심을 가졌겠는가?[120] 이것은 성인이 이미 성명性命의 올바름을 완벽하게 따르고는 있지만 붙들고 지키는 도덕적 노력을 중단한 적이 없었기 때문이다. 그래서 육신의 봉양과 관련해서는 명을 하늘에 맡기니, 인심을 절제하여 너무 과도해지지 않게 하는 길이다. 도道의 실현과 관련해서는 자신에게 책임을 지우니, 도심을 확충하여 중용에 못 미치지 않게 하는 길이다. 삼가고 두려워하여 잠시도 혹여 잊은 적이 없고 조금도 삼가지 않은 적이 없다.

인심이라도 거두어들이면 바로 도심이 되는 것이고, 도심이라도 놓치게 되면 바로 인심이 되는 것이다. 대개 마음은 비록 신령하고 밝아 헤아릴 수 없이 오묘하지만 실로 어떤 경우에는 붙들고 어떤 경우에는 놓쳐서 일정하지가 못한 여러 상황들이 있으니 사람이 어찌 입을 다물고 배를 비우며 대를 끊고 인륜을 떠나는 식으로 인심을 배제하고 도심을 말함으로써 허무적멸虛無寂滅[121]에 빠질 수 있겠는가. 단지 아름다운 소리에 빠지고 아름다운 색에 현혹되며 좋은 맛을 즐기고 욕구를 끝까지 추구하여 인심을 따르느라 도심을 잃어버림으로써 물욕에 떨어지지 않도록 할 뿐이다. 지각知覺이 막 생기는 기미幾微의 순간에 천리와 인욕의 큰 경계를 구별하여, 끝까지 따지고 들어가 그 둘을 구분해 낼 수 있으면 천리를 지켜서 순일해질 수 있을 것이다.

먹을 때에는 그것이 마땅히 먹을 만한 것인지 살피고, 입을 때에는 그것이 마땅히 입을 만한지 살피는 것은 인심의 차원에서 정밀히 하고 한결같이 하는 것인데 이 경우 도심이 인심의 밖에 있지 않다. 효성이 처자로 인해서 쇠퇴하지 않고 충성이 이해利害로 인해 변하지 않는 것은 도심의 차원에서 정밀히 하고 한결같이 하는 것인데 이 경우 인심이 도심에 끼어들지 못한다. 이런 경지에 이르면 도심은 당연이 도심이고, 인심도 도심이 된다. 그것은 하나이지 어찌 둘이 있겠는가!

공자는 "잡으면 보존되고 놓으면 없어진다. 나가고 들어오는 것이 때가 없어 그 방향을 알 수 없다."라고 하였는데, 대개 마음은 잡지 않으면 놓게 되고, 나가지 않으면 들어온다. 놓아서 나가는 것은 비록 쉽지만 거두어들이는 것은 어렵지 않으니, 이미 가 버린 마음을 쫓아가서 그것을 되돌아오는 마음으로 삼는 것이 아니다. 이것은 두 개의 마음으로 설명할 수 없다. 그런데 순舜임금은 "인심은 위태하고 도심은 미묘하다. 정밀히 하고 한결같이 해야 진실로 그

중中을 잡을 수 있다."라고 하였다. 대개 마음에는 인심이 있고 도심이 있으며 위태한 것이 있고 미묘한 것이 있다. 지각知覺 자체는 동일하지만 천리이냐 인욕이냐의 차이가 있는 것이니, 마음이 하고자 하는 바대로 하는 성현은 있지만 마음을 놓친 성현은 없다. 이것은 두 가지 마음으로 말하지 않을 수 없다.

공자는 보존되느냐 잃어버리느냐의 차이로 인해 그것이 두 마음이 아니라고 말하였으니, 이것은 가장 어리석은 사람을 염두에 두고 한 말이다. 순舜임금은 리理와 기氣가 합해진 것이라는 점에서 그것을 두 마음으로 구별하였으니 가장 지혜로운 사람을 염두에 두고 한 말이다. 마음이란 일의 근본이니 천리天理가 안에서 순일하면 사람 사는 일로 밖에 대응하는 것이 마치 저울을 들고 물건을 재는 것과 같아서 무게가 각각 적합할 것이며, 마치 거울을 가리키며 사물을 구별하는 것과 같아서 아름다움과 추함이 숨기지 못할 것이다. 움직이거나 고요히 있거나 말을 하거나 행동하는 데 있어 여전히 자연의 이치에 맞지 않는 것이 있을 수 있겠는가? 〈안자호학론顔子好學論〉의 이른바 "마음을 밝혀서 갈 곳을 안다"라고 하였는데, '마음을 밝힌다[明諸心]'라는 것은 한 마음의 옳고 그름을 알아 가려짐이 없다는 뜻이고, '갈 곳을 안다[知所往]'라는 것은 만사의 옳고 그름을 알아서 어긋남이 없다는 뜻이다.

다만 성인과 배우는 사람의 공부는 같지 않은 점이 있다. 한편으로는 심성心性의 차원에서 공부를 하는 것이니, 순舜의 이른바 '정밀히 하고 한결같이 함'에 해당한다. 『중용中庸』에서는 내가 보지 않고 듣지 않는 상황에서 삼가고 두려워하여 천리의 올바름을 보존하고, 남이 보지 않고 듣지 않는 상황에서 혼자인 자신을 삼가서 인욕의 사사로움을 방지하는 것으로 설명하였다. 하지만 자신의 성性으로부터 발현된 사람인 경우 움직일 때 살펴서 그것을 붙들고 지키기 위한 공부로 삼고, 가르침을 통해 들어가는 사람인 경우에는 고요한 상태에서 길러서 그것을 '잘 살피는' 공부를 하는 데 활용한다. 이것이 심성心性 차원의 공부를 하는 데 있어 서로 다른 방식이다.

다른 한편으로는 사물事物의 차원에서 공부를 하는 것이니, 『중용中庸』의 이른바 '앎과 행함'에 해당한다. 『대학大學』은 격물格物을 지식적인 배움의 첫머리로 삼았고 성의誠意를 수신修身의 첫머리로 삼았다. 성인은 생각을 하지 않고도 바른 길을 찾지만 배우는 사람은 생각을 할 수밖에 없어서 선을 택하는 것이 중요한 일이며, 성인은 힘쓰지 않아도 절도에 맞지만 배우는 사람은 힘을 쓸 수밖에 없어서 굳건히 지키는 것이 중요한 일이다. 이것이 사물의 차원에서 공부하는 데 있어 서로 다른 방식이다.

주자朱子는 일찍이 이 '정밀히 하고 한결같이 함'을 『논어論語』의 극기복례克己復禮와 통합하여 봉사封事를 올린 적이 있다.[122] 극克이란 인욕의 사사로움을 이기는 것이고, 복復이란 천리의 올바름을 회복하는 것이다. 지극히 밝은 사람이 아니면 그 기미幾微를 살필 수 없을 것이다. 그래서 '네 가지 아님'[123]과 관련해서는 반드시 아는 것이 밝아야만 한다. 지극히 강건하지 않으면 결행할 수가 없을 것이다. 그래서 '네 가지 하지 말라'[124]와 관련해서는 행하는 데 용감한 것이 필요하다. 그래서 위에서는 '자기를 이긴다'라고 하였고, 아래에서는 '자기를 말미암는다'라고 하였다.[125] '자기를 말미암는다'라고 할 때 이 '자기'는 보고 듣고 말하고 움직이는 것이 예에 맞는 것이다. '자기를 이긴다'라고 할 때 이 '자기'는 보고 듣고 말하고 움직이는 것이 예에 맞지 않는 것이다. 순舜은 하나의 마음을 인심과 도심으로 나누었고, 공자는 하나의 자기를 '이겨야 할 것'과 '회복해야 할 것'으로 나누었으니 또한 천리와 인욕의 사이를 엄격히 구분한 것이다. 중中은 만사를 관통하는 것이니 반드시 천리와 인욕을 구별하여 정밀히 하고 한결같이 해야만 비로소 중中을 잡을 수 있다. 인仁은 만물의 근간이 되는 것이니 반드시 천리와 인욕을 구분하여 이기고 회복하여야만 비로소 인仁이 될 수 있다. 그 이치는 하나일 뿐이다.

○鬼神說

朱子曰陽魂為神陰魄為鬼祭義曰氣也者神之盛也魄也者鬼之盛也鄭氏又曰氣嘘吸出入者也耳目之聰明為魄然則陰陽未可言鬼神陰陽之靈乃可言鬼神如何曰鬼者形之神寬者氣之神寬魄是形氣之精英謂之靈故張子曰二氣之良能二氣陰陽也良能是其靈處又問眼體也眼之

302

귀와 신에 대하여
鬼神說

朱子曰：

(問)：“‘陽魂爲神, 陰魄爲鬼.’『祭義』曰：‘氣也者, 神之盛也；魄也者, 鬼之盛也.’ 鄭氏又曰：‘氣, 噓吸出入者也. 耳目之聰明爲魄.’ 然則, 陰陽未可言鬼神, 陰陽之靈乃可言鬼神. 如何?”

曰：“魄者, 形之神；魂者, 氣之神. 魂魄是形氣之精英, 謂之靈. 故張子曰：‘二氣之良能.’ 二氣, 卽陰陽也. 良能, 是其靈處.”

又問：“眼, 體也, 眼之光爲魄. 耳, 體也, 何以爲耳之魄?”

先生曰：“能聽者便是. 如鼻之知臭, 舌之知味, 皆是. 但不可以 ‘知’ 字爲魄. 才說知, 便是主於心也. 但能知, 若甘苦鹹淡, 要從舌上過. 如老人耳重目昏, 便是魄漸要散.”

問：“魄附於體, 魂附於氣. 可作如此看否?”

先虛爲鬼耳鼻也何以爲耳之覷先生曰能聽者便是如鼻

之於臭古之於味皆是但不可以知字爲鬼才說知便是主

於心也但能知若甘苦鹹淡要從古上過如老人耳重目昏

便是鬼漸要散問鬼附於體鬼附於氣可作如此看否先生

曰也不是附魂鬼是形氣之精英問陽主神陰主魂鬼神陰

陽之靈不過指一氣之屈伸往來而言爾天地之間陰陽合

散何物不有可錯綜看得曰固是今日說大界限則周禮言

天曰神地曰示人曰鬼三者皆有神而天獨曰神以其常常

流動不息故專以神言之若人亦有神但在人則亦謂之鬼

耳鬼是散而靜者更無形故曰往而不返又問子思只舉齊

明盛服以下數語發明體物而不遺之驗只是舉神之著而

言何以不言鬼曰鬼是散而靜更無形故不必言神是發見

如人祖考氣散爲鬼矣子孫盡精誠以格之則洋洋如在其

曰：“也不是附。魂魄是形氣之精英。”

問：“陽主伸，陰主屈。鬼神，陰陽之靈，不過指一氣之屈伸往來者而言爾。天地之間，陰陽合散，何物不有？可錯綜看得。”

曰：“固是。今且說大界限，則『周禮』言‘天曰神，地曰示，人曰鬼’，皆有神，而天獨曰神，以其常常流動不息，故專以神言之。若人亦自有神，但在人則亦謂之鬼耳。鬼是散而靜者，更無形，故曰‘往而不返。’”

又問：“子思只舉‘齊明盛服’以下數語，發明‘體物而不遺’之驗，只是舉神之著而言，何以不言鬼？”

曰：“鬼是散而靜，更無形，故不必言。神是發見，如人祖考氣散爲鬼矣，子孫精誠以格之，則‘洋洋如在其上，如在其左右’，豈非鬼之神耶？[126] ‘魂者，陽之神；鬼者，魄之神。’淮南子註中說。[127] ‘陽魂爲神，陰魄爲鬼。’鬼，陰之靈；神，陽之靈。此以二氣言也。然二氣之分，實一氣之造。故凡氣之來而方伸者爲神，氣之往而既屈者爲鬼。陽主伸，陰主屈。此以一氣言也。故以二氣言，則陰爲鬼，陽爲神；以一氣言，則方伸之氣，亦有伸亦有屈。其既屈者，鬼之鬼。其來格者，鬼之神。天地人物皆然，不離此氣之往來屈伸合散而已。此所謂‘可錯綜而言’也。”

問：“‘精氣爲物’，陰精陽氣而成物，此總言神；‘遊魂爲變’，魂遊魄降而成變，此總言鬼。疑亦錯綜而言？”

曰：“然。此所謂‘人者，鬼神之會也。’[128] 鬼神主乎氣而言，只是形而下者。但對物而言，則鬼神主乎氣，爲物之體；物主乎

上如在其左右豈非鬼之神耶魂者陽之神鬼者鬼之神淮
南子註中說陽魂爲神陰魄爲鬼鬼陰之靈神陽之靈此以
二氣言也然二氣之分實一氣之爲故尼氣之來而方伸者
爲神氣之往而旣屈者爲鬼陽爲神主伸陰主屈此以一氣言也
故以二氣言則陰爲鬼陽爲神以一氣言則方伸之氣亦有
仲亦有屈其旣屈者鬼其來格者鬼之神天地人物皆
然不離此氣之往來屈伸合散而已此所謂可錯綜而言也
問精氣爲物陰陽氣而爲物此總言神游魂爲變鬼游魂
降而成變此總言鬼疑亦錯總而言曰然此所謂人者鬼神
之會也鬼神主乎氣而言只是形而下者但對物而言則鬼
神主乎氣爲物之體物主乎形得氣而生鬼神者是氣之精
夾所謂誠之不可掩者誠也言鬼神實有屈是實屈伸是
實伸合散無非實者故其發見昭昭不可掩如是

董槃澗所錄

形, 得氣而生。鬼神者是氣之精英, 所謂'誠之不可掩'者。誠, 實也。言鬼神實有, 屈是實屈, 伸是實伸。合散無非實者, 故其 發見昭昭不可掩如是。"(董銖䃷所錄)

주자朱子의 어록語錄에 이런 내용이 있다.

(누군가 묻기를)[129] "'양陽인 혼魂은 신神이고, 음陰인 백魄은 귀鬼이다.'라고 하였습니다. 『제의祭義』에서는 '기氣란 신神이 성한 것이고, 백魄이란 귀鬼가 성한 것이다.'라고 하였고, 정씨鄭氏(정현鄭玄)는 또 '기氣는 호흡을 할 때 드나드는 것이다. 귀와 눈이 잘 들리고 잘 보이는 것이 백魄이다.'라고 하였습니다. 그렇다면 음과 양은 귀鬼와 신神으로 말할 수 없고 음과 양의 영靈이라야 귀와 신으로 말할 수 있는 것 같습니다. 어떻습니까?"라고 하니, 주자가 대답하기를, "백魄은 형形의 신神이고 혼魂은 기氣의 신神이다. 혼과 백은 형과 기의 정영精英이어서 '영靈'이라고 한다. 그래서 장자張子(장횡거)는 (귀신에 대해 풀이하기를) '두 기氣의 양능良能이다.'라고 하였다. 두 기란 음과 양이고, 양능이란 그 영명한 지점이다." 라고 하였다. 또 묻기를, "눈은 체體[130]이고, 눈의 시각은 백魄입니다. 귀는 체體인데 어떤 것이 귀의 백입니까?"라고 하니, 선생이 대답하기를, "들을 수 있는 능력이 바로 그것이다. 예컨대 코가 냄새를 알고 혀는 맛을 아는 것이 모두 이것이다. 다만 '아는 것'이라는 말로 백魄을 설명할 수는 없다. '안다'라고 말하는 순간 이미 마음을 위주로 말한 것이 되기 때문이다. 다만 능히 아는 능력인데, 예를 들어 달고 맵고 짜고 담백

四書章圖

陳栢總要

한 것은 혀로 감각해야 한다. 예컨대 노인은 귀가 멀게 되고 눈이 희미해지는데 이것은 백魄이 점차 흩어지려고 하기 때문이다."라고 하였다. 묻기를, "백魄은 체體에 붙어 있고 혼魂은 기氣에 붙어 있습니다. 이와 같이 이해할 수 있겠습니까?"라고 하니, 대답하기를, "붙어 있는 것도 아니다. 혼과 백은 형形과 기氣의 정영精英이다."라고 하였다. 묻기를, "양陽은 펴는 것을 주로 하고 음陰은 굽히는 것을 주로 합니다. 귀와 신이 음과 양의 영靈이라는 말은 한 기氣가 굽혀지고 펴지고 가고 오는 것을 가리켜 말한 것일 뿐입니다. 천지 사이에 음과 양이 모이고 흩어지는 것이 어느 사물인들 없겠습니까? 착종錯綜해서 볼 수 있겠습니다.[131]"라고 하니, 대답하기를, "물론 그렇다. 지금 우선 큰 범주로 말해 본다면,『주례周禮』에서 '하늘의 경우 신神이라고 하고 땅의 경우 시示라고 하고 사람의 경우 귀鬼라고 한다.'라고 하였다. 모두 신神이 있는데 하늘의 경우에만 신이라고 하는 것은 그것이 늘 흐르고 움직이며 쉬지 않기 때문에 전적으로 신神이라고 말한 것이다. 사람이라고 해도 또한 본디 신神이 있는데, 다만 사람에게 있는 것은 또한 귀鬼라고 부를 뿐이다. 귀鬼는 흩어져서 고요해진 것이기 때문에 더 이상 형체가 없다. 그래서 '가서 돌아오지 않는다'라고 한 것이다."라고 하였다. 또 묻기를, 자사子思는 단지 '마음을 가지런하고 정갈히 하고 옷을 잘 차려입고서[齊明盛服]' 이하의 몇 구절 말은[132] '사물의 근간을 이루는 것이어서 배제할 수 없다'[133]는 증거를 제시한 것입니다. 단지 "신神의 드러남만을 들어서 말하였는데, 왜 귀鬼는 말하지 않은 것입니까?"라고 하니, 대답하기를, "귀鬼는 흩어져서 고요해지는 것이어서 더 이상 형체가 없기 때문에 굳이 말할 필요가 없다. 신神은 발현發見하는 것이다. 예를 들어 돌아가신 조부와 부친의 기氣는 흩어져서 귀鬼가 된다. 아들과 손자가 정성을 모아 모셔오면 '넘실넘실 마치 그 위에 있는 것 같고 마치 그 좌우에 있는 것 같이' 된다. 어찌 귀鬼의 신神이 아니겠는가?"라고 하였다.[134] 주자가 말하였다. "'혼魂은 양陽의 신神이고, 귀鬼는 백魄의 신神이다.'라는 말은『회남자淮南子』의 주註에 나오는 말이다.[135] 양陽인 혼魂은 신神이고, 음陰인 백魄은 귀鬼이다. 귀鬼는 음陰의 영靈이고, 신神은 양陽의 영靈이다. 이것은 두 기氣로 나누어 말한 것이다. 하지만 두 기氣로 나뉘는 것은 실로 하나의 기氣가 만들어 낸 것이다. 그러므로 무릇 기氣가 와서 한창 펴지는 것은 신神이고, 기氣가 가서 이미 굽혀진 것은 귀鬼이다. 양陽은 펴는 것을 주로 하고, 음陰은 굽히는 것을 주로 한다. 이것은 하나의 기氣로 합하여 말한 것이다. 그러므로 두 기로 나누어 말하면 음이 귀가 되고 양이 신이 되며, 하나의 귀로 합하여 말하면 한창 펴지는 기에도 또한 펴지는 것이 있고 또한 굽혀지는 것이 있는데 그 이미 굽혀진 것은 귀鬼의 귀鬼이고, 그 와서 이르는 것은 귀鬼의 신神이다.[136] 하늘과 땅과 사람이 모두 그러해서 이 기氣의 가고 오고 합하고 흩어지는 것일 뿐이다. 이것이 이른바 '착종錯綜해서 말할 수 있다.'라는 것이다."라고 하였다. 묻기를, "'정精과 기氣가 합하여 만물이 된다'라는 말은 음인 정精과 양인 기氣가 합하여 만물이 된다는 것이니 이것은 전적으로 신神에 대해 말한 것이고, '혼魂이 떠나서 변화가 이뤄진다'라는 말은 혼이 떠나고 백이 내려가서 변화가 이뤄진다는 것이니 이것은 전적으로 귀鬼에 대해 말한 것입니다. 이것도 또한 착종해서 말한 것인지 궁금합니다."라고 하니, "그렇다. 이것이 이른바 '사람은 귀鬼와 신神이 모인 것이다'라는 말의 의미이다."[137] 귀와 신은 기氣를 주로 해서 말한 것이니 단지 형이하形而下의 존재이다. 단지 사물에 대비해서 말한다면 귀와 신은 기를 주로 해서 말한 것이기 때문에 사물의 근간이 된다. 사물은 형체를 위주로 하니 기를 얻어야 형성된다. 귀와 신은 기의 정영精英이니, 이른바 '성誠은 가릴 수 없다'는 것이다. 성誠은 실재함이다. 귀와 신은 실제로 존재하여 굽히는 것은 실제로 굽히고 펴는 것은 실제로 펴진다. 합하고 흩어지는 것이 실제가 아닌 것이 없다. 그래서 그 발현이 환하디 환해서 가릴 수 없는 것이 이와 같은 것이다.[138] (동반간董槃磵[139]이 기록한 내용)

以虛靈知覺言

心

未嘗有異

以生於形氣言　　　以原於性命言

人心
知覺
聲色臭味
精則不雜乎此故
上智不能無此也

道心
知覺言
義理處
下愚不能無此微或
一則不離乎此者故

以無過不及言

中

堯舜禹
君子時

中庸所謂天命率性則舜
禹相傳道心之謂也擇善
固執則精一之謂也君子

時中則執中之謂也其言
不異如合符節所以提挈
綱維開示蘊奧者在此

허령지각(虛靈知覺)으로 말하면

심(心)

일찍이 달랐던 적이 없다

성명(性命)에서 근원한 것으로 말한 것이다

도심
(道心)

이 의리(義理)를 지각하는 지점이다

가장 어리석은 사람도 이것이 없을 수 없고(그래서 더러 미묘하다),

한결같이 하면 이것을 떠나지 않는다(그래서 드러나게 된다)

형기(形氣)에서 생기는 것으로 말한 것이다

인심
(人心)

맛, 소리, 색을 지각하는 지점이다

가장 지혜로운 사람도 이것이 없을 수 없고(그래서 더러 위태하다),

정밀히 하면 이것에 뒤섞이지 않는다(그래서 안정된다)

지나침과 모자람이 없는 것으로 말한 것이다

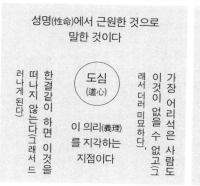

중(中)

요순(堯舜)은 이것을 잡았고, 군자는 때에 맞게 이것을 체현하였다

『중용』의 이른바 '하늘이 명한 것'과 '성(性)을 따른 것'은 순(舜)임금과 우(禹)임금이 서로 전한 도심(道心)을 말한 것이고, '선을 택함'과 '굳건히 지킴'은 '정밀히 함'과 '한결같이 함'을 말한 것이며,

'군자는 때에 맞게 중을 체현한다'라는 것은 '중을 잡음'을 말한다. 그 말이 다르지 않은 것이 마치 부절符節이 합쳐지는 것과 같다. 『중용』이 강령을 제시해주고 내용을 설명해준 것이 되는 까닭은 여기에 있다.

○中庸性道教之旨

凡人之所以為人道之所以為道聖人之所以為教原其所自無不

一本於天而備於我讀者知之則其於學知所用力而自不能已矣

故子思於此首發明之讀者所宜深体而默識也

중용의 성·도·교에 담긴 요지
中庸性道教之旨

凡人之所以爲人、道之所以爲道、聖人之所以爲教, 原其所自, 無不一本於天, 而備於我。學者知之, 則其於學, 知所用力, 而自不能已矣。故子思於此首發明之, 讀者所宜深體而默識也。

무릇 사람이 사람이 된 까닭, 도道가 도道가 되는 까닭, 성인聖人이 가르침으로 삼은 기준은 그 근원을 따져 보면 한결같이 하늘에 뿌리를 두고 나에게 갖추어진 것이 아닌 것이 없다. 배우는 이가 이 것을 알면 배우는 데 있어서 힘을 써야 할 지점과 힘을 쓰는 방법을 알게 되어 저절로 그만둘 수 없게 될 것이다. 그래서 자사子思는 여기서 먼저 이 문제를 밝힌 것이니, 읽는 사람들은 마땅히 깊이 잘 살펴서 묵묵히 알아야 할 것이다.[140]

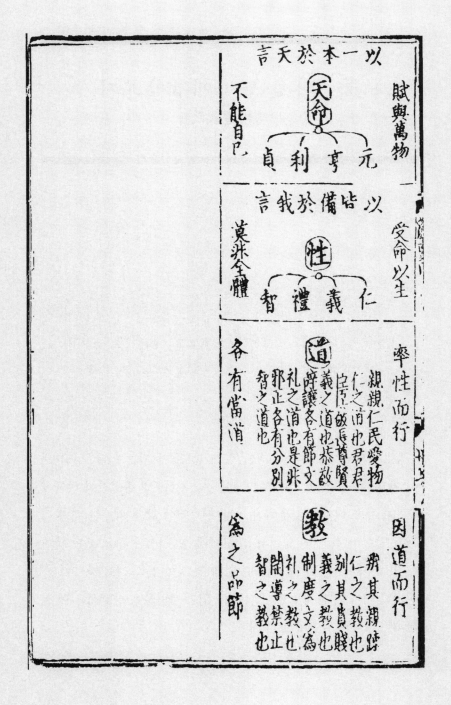

以一本於天言　　賦與萬物

【天命】
元　亨　利　貞

不能自己

以此備於我言　　受命以生

【性】
仁　義　禮　智

莫非全體

率性而行

【道】
親親仁民愛物
仁之道也君君
臣臣敬長尊賢
義之道也恭敬
辭讓各有節文
礼之道也是非
邪正各有分別
智之道也

各有當道

因道而行

【教】
親其親親踈
仁之教也
别其貴賤
義之教也
制度文為
礼之教也
開導禁止
智之教也

為之品節

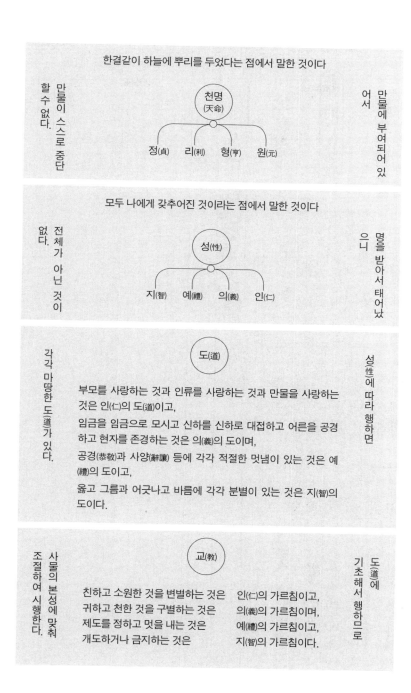

한결같이 하늘에 뿌리를 두었다는 점에서 말한 것이다

천명(天命)

정(貞)　리(利)　형(亨)　원(元)

할 수 없다. 만물이 스스로 중단

어서 만물에 부여되어 있

모두 나에게 갖추어진 것이라는 점에서 말한 것이다

성(性)

지(智)　예(禮)　의(義)　인(仁)

없다. 전체가 아닌 것이

으니 명을 받아서 태어났

도(道)

부모를 사랑하는 것과 인류를 사랑하는 것과 만물을 사랑하는 것은 인(仁)의 도(道)이고,

임금을 임금으로 모시고 신하를 신하로 대접하고 어른을 공경하고 현자를 존경하는 것은 의(義)의 도이며,

공경(恭敬)과 사양(辭讓) 등에 각각 적절한 멋냄이 있는 것은 예(禮)의 도이고,

옳고 그름과 어긋나고 바름에 각각 분별이 있는 것은 지(智)의 도이다.

각각 마땅한 도(道)가 있다.

성(性)에 따라 행하면

교(敎)

친하고 소원한 것을 변별하는 것은　인(仁)의 가르침이고,
귀하고 천한 것을 구별하는 것은　의(義)의 가르침이며,
제도를 정하고 멋을 내는 것은　예(禮)의 가르침이고,
개도하거나 금지하는 것은　지(智)의 가르침이다.

사물의 본성에 맞춰 조절하여 시행한다.

도(道)에 기초해서 행하므로

○中和體用之源

未發謂之中

喜怒哀樂

發中謂之和

性之德 — 以靜　戒謹以所　言則已所不知　恐懼中　致　天地位　吾心正則天地之心亦正

中　大本　道之體

情之正 — 以動所　言則已　慎致　所獨知之際　萬物育　吾氣順而天地之氣亦順

和　達道　道之用

318

중과 화가 체와 용이 되는 근원에 대하여

中和體用之源

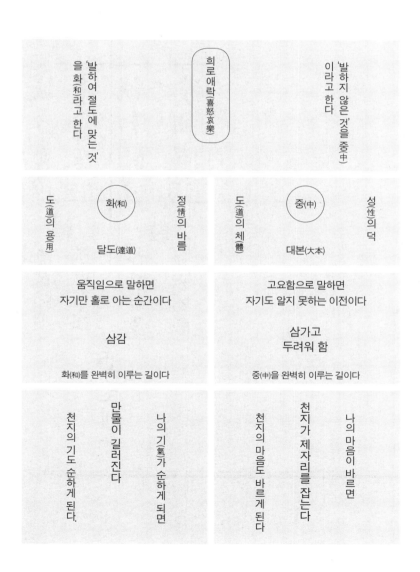

희로애락(喜怒哀樂)

'발하지 않은 것'을 중(中)이라고 한다

'발하여 절도에 맞는 것'을 화(和)라고 한다

성(性)의 덕	중(中)	도(道)의 체(體)
	대본(大本)	

정(情)의 바름	화(和)	도(道)의 용(用)
	달도(達道)	

고요함으로 말하면
자기도 알지 못하는 이전이다

삼가고
두려워 함

중(中)을 완벽히 이루는 길이다

움직임으로 말하면
자기만 홀로 아는 순간이다

삼감

화(和)를 완벽히 이루는 길이다

나의 마음이 바르면

천지가 제자리를 잡는다

천지의 마음도 바르게 된다

나의 기(氣)가 순하게 되면

만물이 길러진다

천지의 기도 순하게 된다.

天道　　人道　　之別

誠（天道）

誠之（人道）

誠不思而得知生　自誠而明

者不勉而中行安　所以為性　性

誠之擇善學知　自明而誠

者固執利行　教　所以為教

其至則一

천도와 인도의 구별에 대하여
天道人道之別

성(誠)을 추구함	성(誠)
인도(人道)	천도(天道)

성(誠)을 추구하는 사람	성(誠)을 가진 사람

굳건히 지킨다	선을 택한다	힘을 들이지 않아도 적합하게 행동한다	생각하지 않아도 알고 있다
(이로운 줄 알아서 행하는 것이다)	(배워서 아는 것이다)	(편안히 행하는 것이다)	(태어나면서 아는 것이다)

교(敎)	성(性)
밝게 알고서 성誠을 이루는 것이니, 그래서 교敎가 되는 것이다.	성誠을 타고나서 밝게 알기도 하는 것이니, 그래서 성性이 되는 것이다.

최종적으로는 동일하다

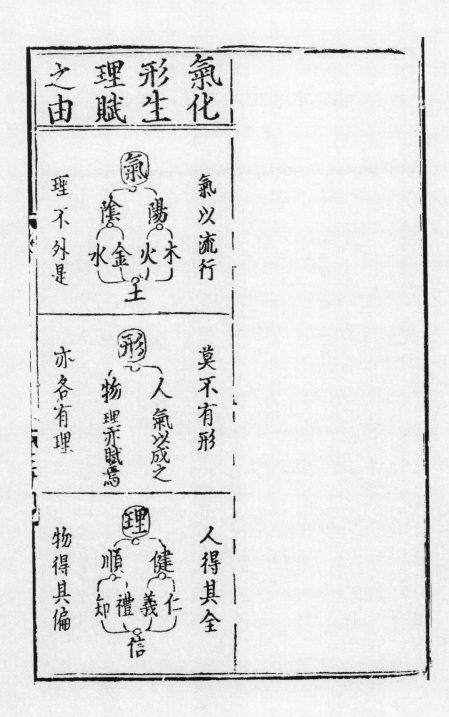

氣化　形生　理賦　之由

氣以流行　　　　理不外是

氣〔陽（火・木）／陰（金・水）〕土

莫不有形　　　　亦各有理

形〔人（氣以成之）／物（理亦賦焉）〕

人得其全　　　　物得其偏

理〔健（仁・義・禮・信）／順（知）〕

기화를 통해 형체가 생기면 리가 부여되는 연유에 대하여[141]

氣化形生理賦之由

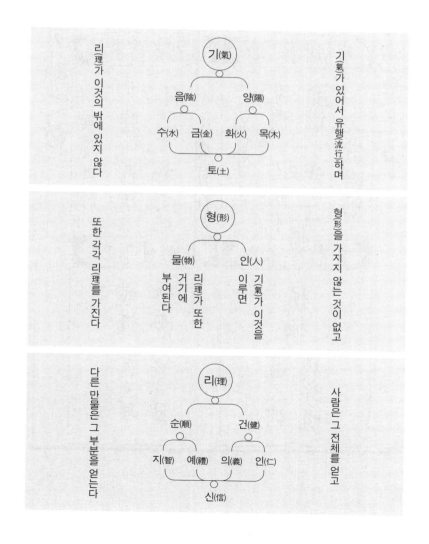

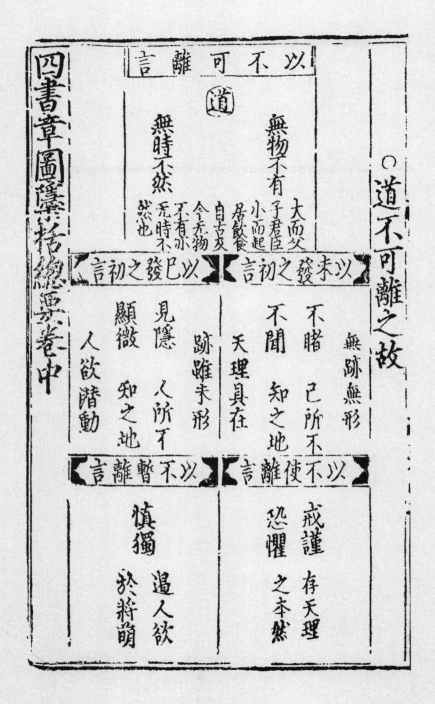

○道不可離之故

四書章圖纂括總要卷中

以不可離言　道

無物不有
　大而父子君臣
　小而居飲食起
　自古及今无物不有亦

無時不然
　然也不時不然也

以未發之初言

無跡無形
不睹　己所不
不聞　知之地
天理具在

以已發之初言

跡雖未形
見隱　人所不
顯微　知之地
人欲階動

以不使離言

戒謹　存天理
恐懼　之本然

以不暫離言

慎獨
過人欲
於將萌

도를 떠날 수 없는 까닭에 대하여[142]
道不可離之故

떠날 수 없다는 점에서 말할 경우

어떤 때든 그렇지 않은 것이 없다	도(道)	어떤 사물이든 가지지 않은 것이 없고

크게는 부자(父子)와 군신(君臣)부터 작게는 기거와 음식까지,
예로부터 지금까지 어떤 사물이든 갖지 않는 것이 없고
또한 어떤 때든 그렇지 않은 경우가 없다.

【이미 발한 초기에 대해 말할 경우】

움직인다 인욕(人欲)이 안에서 / 미묘한 것이 잘 드러남 / 숨겨진 것이 잘 보이고 / 형성되지 않았지만 자취가 비록

남이 알지 못하는 상황이다

【발하지 않은 초기에 대해 말할 경우】

갖추어져 있다 천리(天理)가 / 듣지 않음 / 보지 않고 / 없는데 자취도 형체도

자기가 알지 못하는 상황이다

【잠시도 떠나지 않음에 대해 말할 경우】

혼자일 때
삼감

인욕을 장차 싹트려고 할 때 막음

【떠나지 않게 하는 공부에 대해 말할 경우】

두려워함
삼감

천리의 본연을 보존함

미주

1 『書經』에서 堯에 대한 기록은 舜에 대한 기록과 함께 [虞典]에 들어 있다.

2 도심道心에 상대해서 쓰인 말이므로, 사람의 마음 중에서 도심을 제외한 나머지의 마음을 말한다.

3 전부 『맹자』에 나오는 내용들이다.

4 성명性命이란 하늘의 명으로 타고난 사람의 본성이니, 마음의 본질이다. 성리학자들에 따르면 마음은 이 성명에 따라 작용하는 것이 정상적이다. '형기形氣'는 여기서 주로 몸을 가리킨다. 성리학자들은 몸의 여러 생리적 충동들을 따라 마음이 작용하게 되는 것을 위태하다고 여긴다.

5 『주자어류』 권5에 나오는 내용이다.

6 '寒暑'과 '癢'은 원래 지워져 있는데 원전에 해당하는 『荀子』 「不苟」를 참조하여 보충하였다.

7 '感'은 원래 일부가 지워져 있는데 문맥을 살펴 보충하였다.

8 마음의 특징을 나타내는 말인데, '비어 있음'과 '영묘함'이다.

9 『주자어류』에는 '又'로 되어 있다.

10 『주자어류』에는 '聰明視聽'으로 되어 있다.

11 『주자어류』 권60.

12 『주자어류』에는 앞에 '或'자가 있다.

13 『주자어류』에는 앞에 '應'자가 있다.

14 『주자어류』 권17.

15 『대학혹문』.

16 『주자어류』 권17, "所以謂之 '妙衆理', 猶言能運用衆理也. '運用' 字有病, 故只下得 '妙' 字."

17 『주자어류』 권17, "無所知覺, 則不足以宰制萬物. 要宰制他, 也須是知覺."

18 마음이 가진 영묘한 작용을 말한다.

19 『주자어류』 권17, "所以謂之 '妙衆理', 猶言能運用衆理也. '運用' 字有病, 故只下得

'妙'字."

20 『주자어류』권17, "無所知覺, 則不足以宰制萬物. 要宰制他, 也須是知覺."

21 "무극無極이면서 태극太極이다[無極而太極]"라고 되어 있는 부분이다.

22 흔히 '음양권陰陽圈'이라고 부르는 부분이다.

23 『주자어류』권60, "問 : '太虛便是太極圖上面底圓圈, 氣化便是圓圈裏陰靜陽動否?' 曰 : '然.'"

24 성性을 구성하는 내용들이라는 뜻이다.

25 정情을 구성하는 내용들이라는 뜻이다.

26 "心一也. 有"는 『사서장도』에 "心有疑"로 되어 있다.

27 원래 장횡거張橫渠의 말로는 "성性과 지각知覺이 합하여 심心이라는 이름이 있는 것이다"라는 것이었는데, 임은이 조금 변형시킨 것이다. 성과 지각을 각각 리와 기로 바꿈으로써 심心 안에 천리와 인욕의 단초가 있는 것처럼 설명하는 것이 가능해진다고 하겠다.

28 『孟子』「離婁章句上」, 今有仁心仁聞而民不被其澤, 不可法於後世者, 不行先王之道也.

29 이런 표현이 직접적으로 나오는 것은 아니다. 다만 『孟子』「告子章句上」에 "사람이라고 해서 어찌 인의의 마음이 없겠는가[雖存乎人者, 豈無仁義之心哉?]"라는 표현이 있다.

30 이 재(才)는 본성의 능력을 가리킨다.

31 이 재(才)는 개인이 현실적으로 가진 능력, 즉 기질의 능력을 가리킨다.

32 하늘로부터 타고난 본성을 말한다.

33 기질氣質에 의해 변형된 성품을 말한다.

34 『正蒙』「誠明篇」에 나오는 말이다.

35 공자의 경우 "성은 서로 가깝고 습관으로 인해 멀어진다[性相近, 習相遠]"라고 하였는데, 성리학자들은 가깝다는 말 자체가 동일하다는 말이 아니므로 기질지성의 관점에서 말한 것이라고 이해한다. 맹자는 "개의 성이 소의 성과 같고, 소의 성이 사람의 성과 같으냐[然則犬之性, 猶牛之性 ; 牛之性, 猶人之性與?]"라고 하였는데, 이 부분에서는 기질지성을 말한 것이다.

36 고자와 정자는 "살아 있는 것을 성이라고 한다[生之謂性]"이라고 말하였다.

37 "배워서 안다[學而知之]"라는 표현은 『논어』와 『중용』에 모두 나오는데, 성인聖人이 아닌 사람이 자신의 노력을 통해 배워서 아는 것을 의미한다.

38 『이정문집』권9, 「顔子所好何學論」.

39 『맹자』「고자하」, "曹交問曰 人皆可以爲堯舜 有諸. 孟子曰 然."

40 『맹자』「고자상」.

41 『이정유서二程遺書』권18, 才稟於氣, 氣有淸濁. 稟其淸者爲賢, 稟其濁者爲愚.

42 『맹자』「고자상」.

43 『맹자孟子』「고자장구상告子章句上」에 나오는 내용이다. 아래에 인용된 맹자의 말은 모두 마찬가지이다.

44 『중용』첫장에 나오는 '率性之謂道', 즉 '성을 따르는 것을 도라고 한다'라는 말을 가리킨다.

45 희로애락이 아직 일어나지 않은 것을 말한다.

46 여기서 形氣는 오장을 가리키고, 心理는 심장 안의 공간인 방촌을 지칭한다.

47 『사서혹문』에는 '以'자 앞에 '然後有' 세 글자가 더 있다.

48 『주자어류』권30, "'得五行之秀者爲人'. 只說五行而不言陰陽者, 蓋做這人, 須是五行方做得成. 然陰陽便在五行中, 所以周子云 : '五行一陰陽也.' 舍五行無別討陰陽處. 如甲乙屬木, 甲便是陽, 乙便是陰 ; 丙丁屬火, 丙便是陽, 丁便是陰. 不須更說陰陽, 而陰陽在其中矣."

49 음양·오행이라는 기氣에 대응하는 리理의 내용이 바로 건순健順·오상五常이다. 건과 순은 각각 건乾과 곤坤의 본성으로서 강건함과 유순함이고, 오상은 인의예지신이다.

50 『주자어류朱子語類』권30에 수록되어 있다.

51 오장 중에서 비장을 뺀 나머지를 말하는 것으로 보인다.

52 은殷나라의 말기의 세 현인인 미자微子, 기자箕子, 비간比干을 가리킨다. 미자는 은나라 마지막 왕인 주왕紂王의 배다른 형이었고 기자와 비간은 주왕의 제부諸父였다. 『논어』「미자微子」편에 따르면, 은나라가 망할 지경이 되자 미자는 떠났고, 기자는 간쟁하다 노예가 되었고 비간은 간쟁하다 죽임을 당하였다. 공자는 "은나라에 세 어진 이가 있었다."라고 평가하였다.(微子去之, 箕子爲之奴, 比干諫而死. 孔子曰 : "殷有三仁焉.")

53 자문子文은 세 번이나 벼슬길에 올라 영윤이 되었지만 좋아하는 표정이 없었고 세 번이나 그만두게 되었지만 성난 표정이 없었다. 이전 영윤의 정책을 반드시 새 영윤에게 일러 주었다. 공자는 그에 대해 충忠이라고 평가하면서도 인仁으로 평가하는 데는 주저하였다. 진문자陳文子는 말 40마리가 있었지만 최

자崔子가 제나라의 군주를 시해하였을 때 그것을 버리고 피하여 다른 나라로 갔고, 그 나라에도 최자 같은 자가 있다며 또 다른 나라로 갔고, 그 나라에서조차 최자 같은 자가 있다며 또 다른 나라로 갔다. 공자는 이에 대해 청淸이라고 평가하면서도 인으로 평가하는 데는 주저하였다. 弑齊君子張問曰:"令尹子文三仕爲令尹, 無喜色, 三已之, 無慍色. 舊令尹之政, 必以告新令尹. 何如?"子曰:"忠矣."曰:"仁矣乎?"曰:"未知, 焉得仁?""崔子弑齊君, 陳文子有馬十乘, 棄而違之, 至於他邦, 則曰猶吾大夫崔子也, 違之, 之一邦, 則又曰猶吾大夫崔子也, 違之. 何如?"子曰:"淸矣."曰:"仁矣乎?"曰:"未知, 焉得仁?"

54 역자 주–엄밀히 말하면, 이 부분에는 '인류를 사랑함仁民'이라는 글자를 쓰고 다시 그 바깥의 한 겹에 '만물을 사랑함愛物'이라는 글자를 썼다.

55 문맥을 살펴볼 때 '長'자의 오자인 듯한데, 필사본에도 동일하게 '氣'로 되어 있다.

56 '衷'은 '中'과 같고, 성리학자들에 따르면 하늘이 명을 내릴 때 거기에는 인의예지의 리가 갖추어져 있는데 치우침이 없어 '충衷'이라고 한다. 결국 인의예지의 리를 가리킨다.

57 백이와 숙제의 일을 말한다. 둘은 고죽군孤竹君의 맏아들과 셋째 아들이었는데, 고죽군이 숙제에게 군위를 넘겨주라고 유언을 남겼다. 숙제는 형제 사이의 천륜을 어길 수 없다면서 백이에게 양보하였고, 백이는 부친의 유언이라며 떠나버렸다. 숙제도 따라서 떠나버렸다. 논어 「술이」편에서는 이와 관련하여 공자와 자공의 대화가 수록되어 있다. 공자는 백이와 숙제가 인을 추구하여 인을 이룬 현인이라고 평가하였다.(曰:"伯夷叔齊何人也?"曰:"古之賢人也."曰:"怨乎?"曰:"求仁而得仁, 又何怨.")

58 子曰:"言忠信, 行篤敬, 雖蠻貊之邦, 行矣. 言不忠信, 行不篤敬, 雖州里, 行乎哉?"

59 자태숙子太叔(–BC 507)은 성이 유遊이고 이름이 길吉이며, 춘추시대 정鄭나라의 정경正卿이었다. 외교의 능력이 뛰어났고, 정치하는 방식은 너그러움을 먼저 베풀고 강력한 법 적용을 보완적 수단으로 사용하였다.

60 양처보陽處父(? –BC 621), 춘추시대 진晉나라 대부이며 양陽이라는 곳에 봉읍을 받았기 때문에 양陽이라는 성을 사용하게 되었다. 진나라 문공文公 9년에 초楚나라에 답방을 가서 양국의 국교를 정상화시켰다.

61 『논어』 「옹야」편에 있는 말을 활용한 것이다. 공자는 안연에 대해 3개월 동안 마음이 인을 떠나지 않을 수 있다고 칭찬하고, 나머지 사람은 하루에 한 번이

나 한 달에 한 번 인에 이를 뿐이라고 말하였다.(子曰："回也, 其心三月不違仁. 其
餘則日月至焉而已矣.")

62 『중용』26장에 있는 말을 활용한 것이다.『중용』은『시경』의「주송周頌·유천지
명維天之命」편에 "하늘의 명은 아, 그윽하게 그침이 없다.(維天之命, 於穆不已!)"
라는 구절을 인용하여 이 말이 하늘의 본질을 잘 설명하였다고 평하고, 같은
시에 있는 "아, 드러나지 않겠는가. 문왕文王이 가진 덕의 순일함이여!(於乎不
顯! 文王之德之純!)"라는 시를 인용하여 이 말이 문왕의 본질이라며, 이 '순일함'
이 바로 하늘의 '그치지 않음'이라는 본질과 상통한다고 설명하였다.(詩云："維
天之命, 於穆不已!" 蓋曰天之所以爲天也. "於乎不顯! 文王之德之純!" 蓋曰文王之所以爲文
也, 純亦不已!)

63 장재張載(1020-1077)는 중국 송나라 시대의 사상가이다. 자는 자후子厚이며, 그
가 살았던 지명으로 인해 횡거 선생橫渠先生이라고 불렸다.『정몽正蒙』등의 저
작을 남겼다.

64 中庸或問, 蓋曰："不違者仁在內而我爲主也. 日月至者仁在外而我爲客也. 誠如此
辨則其不安於客而求爲主於內必矣.

65 『어류』31：24 "'三月不違'者, 我爲主而常在內也；'日月至焉'者, 我爲客而常在外
也. 仁猶屋, 心猶我. 常在屋中則爲主, 出入不常爲主, 則客也. '過此幾非在我者', 如
水漲船行, 更無著力處." 銖(67 이후).

66 『二程遺書』권2상, "'居處恭, 執事敬, 與人忠.' 此是徹上徹下語, 聖人元無二語."
〈明〉

67 정이천程伊川은 충을 '그윽하게 그치지 않는 하늘의 명', 즉 천도天道의 체體로,
서를 '천도가 변화하여 각각의 본성을 정하는 작용', 천도의 용用으로 설명하
였다.『二程外書』권7, "伊川曰：'維天之命, 於穆不已', 忠也；'乾道變化, 各正性
命', 恕也." 이 부분에 대한 설명은『논어집주』의 주자 설명에 자세하게 나온
다.『論語集註』「里仁」, "夫子之一理渾然而泛應曲當, 譬則天地之至誠無息, 而萬物
各得其所也. 自此之外, 固無餘法, 而亦無待於推矣. 曾子有見於此而難言之, 故借
學者盡己 推己之目以著明之, 欲人之易曉也. 蓋至誠無息者, 道之體也, 萬殊之所以
一本也；萬物各得其所者, 道之用也, 一本之所以萬殊也."

68 『논어』에서 증자는 공자의 도는 '忠恕'로 일이관지한다고 설명하였다. 이 부분
에 대한 설명은『二程遺書』에 자세하게 나온다.『二程遺書』권11, "以己及物, 仁
也；推己及物, 恕也.〈違道不遠, 是也.〉'忠恕, 一以貫之', 忠者天理, 恕者人道. 忠

者無妄, 恕者可以行乎忠也. 忠者體, 恕者用. 大本達道也. 此與違道不遠異者, 動以天爾.

69 『중용』에서는 충서가 도道와 근접하다고 평하면서 그 의미를 '자신에게 하기를 원하지 않는 일은 남에게도 시행하지 말라.'라는 말로 설명하였다. 『中庸』23장, "忠恕, 違道不遠. 施諸己而不願, 亦勿施於人."

70 늘 충신에 마음을 두어야 한다는 의미이다.

71 송각본宋刻本『晦菴先生朱文公文集』을 가리킨다. 현행본에는 이 서신이 실려 있는데, 글의 배치가 약간 다르다. 『朱文公文集』42-15(1970쪽)(43세) 答吳晦叔 9, 熹伏承示及先知後行之說反復詳明引據精密警發多矣. 所未能無疑者方欲求教又得南軒寄來書稿讀之則凡熹之所欲言者, 蓋皆已先得之矣. 特其曲折之間小有未備請得而細論之. 夫泛論知行之理而就一事之中以觀之則知之爲先行之爲後無可疑者.〈如孟子所謂知皆擴而充之程子所謂譬如行路須得光照及易文言所謂知至至之知終終之之類是也.〉然由夫知之淺深行之大小而言則非有以先成乎其小亦將何以馴致乎其大者哉?〈如子夏敎人以灑掃應對進退爲先程子謂未有致知而不在敬者及易文言所言知至知終皆在忠信修辭之後之類是也.〉蓋古人之敎自其孩幼而敎之以孝悌誠敬之實, 及其少長而博之以詩書禮樂之文皆所以使之卽夫一事一物之間各有以知其義禮之所在而致涵養踐履之功也.〈此小學之事知之淺而行之小者也.〉及其十五成童, 學於大學, 則其灑掃應對之間, 禮樂射禦之際, 所以涵養踐履之者略已小成矣. 於是不離乎此而敎之以格物以致其知焉. 致知云者因其所已知者推而致之以及其所未知者而極其至也. 是必至於擧天地萬物之理而一以貫之然後爲知之至而所謂誠意正心修身齊家治國平天下者至是而無所不盡其道焉.〈此大學之道知之深而行之大者也.〉今就其一事之中而論之則先知後行固各有其序矣. 誠欲因夫小學之成以進乎大學之始則非涵養履踐之有素亦豈能居然以其雜亂紛糾之心而格物以致其知哉? 且易之所謂忠信修辭者聖之實事貫始終而言者也. 以其淺而小者言之, 則自其常視母誑男唯女兪之時, 固已知而能之矣. 知至至之則由行此而又知其所至也. 此知之深者也. 知終終之則由知至而又進以終之也. 此行之大者也. 故大學之書雖以格物致知爲用力之始然非謂初不涵養履踐而直從事於此也. 又非爲物未格知未至則意可以不誠心可以不正身可以不修家可以不齊也. 但以爲必知之至然後所以治己治人者始有以盡其道耳. 若曰: 必俟知至而後可行則夫事親從兄承上接下乃人生之所不能一日廢者豈可謂吾知未至而暫輟以俟其至而後行哉?〈按五峯作復齋記有'立志居敬, 身親格之'之說. 蓋深得乎此者但知言所論於知之淺深不甚區別而一以知先行後

331

概之則有所未安耳.〉抑聖賢所謂知者, 雖有淺深然不過如前所論二端而已. 但至於
廓然貫通則內外精粗自無二致, 非如來教及前後所論'觀過知仁'者, 乃於方寸之間,
設爲機械, 欲因觀彼而反識乎此也.〈侯子所關總老默而識之是識甚底之言正是說破
此意如南軒所謂知底事者恐亦未免此病也.〉又來論所謂端以致知, 所謂克己私集
衆理者, 又似有以行爲先之意而所謂在乎兼進者又若致知力行初無先後之分也. 凡
此皆鄙意所深疑而南軒之論所未備者故敢復以求教幸深察而詳論之.

72 忠信, 所以進德也. 脩辭立其誠, 所以居業也. 知至至之, 可與幾也 ; 知終終之, 可與
存義也.

73 『禮記』「內則」에 있는 말이다. 유唯는 짧게 대답하는 소리이고 유兪는 길게 대
답하는 소리이다. "말을 할 나이가 되면 남자는 짧게 '네'라고 대답하고, 여자
는 길게 '예'라고 대답하게 가르쳤다.(能言, 男唯女兪)"

74 오봉五峰은 호굉胡宏을 가리키며, 이 글은『오봉집五峰集』에『복재기復齋記』라는
· 제목으로 실려 있다. 내용으로 보면 '복재기復齋記'가 맞는 듯하다. "儒者之道,
率性保命, 與天同功, 是以節事取物, 不厭不棄, 必身親格之, 以致其知焉. 夫事變萬
端, 而物之感人無窮, 格之道, 必立志以定其本, 而居敬以持其志. 志立於事物之
表, 敬行乎事物之內, 而知乃可精."

75 후자侯子는 이정二程의 제자인 후중량侯仲良(자字는 사성師聖)을 가리키는데, 여
기 인용된 말과 직접적인 연관된 자료는 보이지 않는다. 총로總老는 북송北宋
시기에 여산廬山의 동림사東林寺에 살았던 상총常總을 가리키는데, 이 인용된
말은『상채어록上蔡語錄』에 보이며, 그 내용도 상총이 다른 사람에게 한 말로
되어 있다. "總老嘗問一官員云 : 默而識之, 是識箇甚? 無入而不自得, 是得箇甚?"

76 『南軒集』권19「答吳晦叔」에 나오는 말이다. 장남헌張南軒은 '知'는 가벼운 의미
와 무거운 의미가 있다면서 '이런 일이 있다는 것을 안다'라는 정도의 말은 평
범한 사람이 모두 알 수 있는 그런 앎에 대한 것인 데 반해, '앎의 일'이라고 말
할 때는 지극한 이치에 대한 앎을 의미한다고 설명하였다. "只一箇知字, 用處
不同. 蓋有輕重也. 如云 '知有是事', 則用得輕. '匹夫匹婦可以與知'之類, 是也. 如
說 '知底事', 則用得重. '知至至之'之知, 是也."

77 원문에는 '與'로 되어 있지만, 원전에 근거하여 번역하였다.

78 『中庸』27장에 있는 "尊德性而道問學"이라는 구절을 참고하면 '道問學'으로 고
치는 것이 옳을 듯하다.

79 채모蔡模(1188-1246)는 자字가 중각仲覺이고 호가 각헌覺軒이다. 채침蔡沈의 장

자이며 저서로 『논맹주소論孟集疏』 『역전집해易傳集解』, 『대학연설大學衍說』, 『하락탐이河洛探頤』, 『속근사록續近思錄』 등이 있다.

80 『晦庵集』卷64, 答或人, 博文約禮, 學者之初, 須作兩般理會, 而各盡其力, 則久之, 見得功效, 卻能交相爲助, 而打成一片. 若合下便要兩相倚靠, 互相推托, 則彼此擔閣, 都不成次第矣.

81 四書管窺, 又按覺軒於 '亦可弗畔' 章, 引師傳之旨, 曰："此博約, 程子以爲 "只是淺近, 非顔子所學於夫子之謂." 以此觀之, 博約只是箇博約, 其所得淺深, 卻在人. 如梓匠輪輿同是一樣斧斤, 拙者則只能斲削而已, 工者便自巧妙.' 此言可謂至矣."

82 原作 "大".

83 "盡其心者知其性也, 知其性則知天矣." 言人能盡其心則是知其性, 能知其性則知天也. 蓋天者理之自然而人之所由以生者也, 性者理之全體而人之所得以生者也, 心則人之所以主於身而具是理者也. 天大無外而性稟其全, 故人之本心其體廓然亦無限量, 惟其梏於形器之私, 滯於聞見之小, 是以有所蔽而不盡. 人能卽事卽物窮究其理, 至於一日會貫通徹而無所遺焉, 則有以全其本心廓然之體, 而吾之所以爲性與天之所以爲天者, 皆不外乎此, 而一以貫之矣.

84 원문은 "氣因欲生"인데, 문맥을 살펴 '欲'을 '養'으로 고쳐 번역하였다.

85 原作 "色".

86 『二程遺書』 권18.

87 이 부분에 "要中卄六"이라는 표기가 있다. 이 판목이 『사서장도은괄총요四書章圖檃栝總要』의 중권中卷 26판板이라는 의미이다. 책을 만드는 과정에서 넣은 표기이다.

88 '체단體段'은 몸, 형체를 의미한데 어떤 사물 그 자체를 말한다. 추상적인 개념일 경우 그것의 본질을 의미한다고 하겠다.

89 『論語集註』 「學而」, "禮者, 天理之節文, 人事之儀則也."

90 채모蔡模의 『맹자집소孟子集疏』에 나오는 말이다. 채원정蔡元定, 채연蔡淵, 채침蔡沉, 채모 중에서 누구를 지칭하는지 명확하지 않다. "蔡氏云以朱子之說推之則惻者傷之於外也隱者痛之於中也惻隱辭讓羞惡每端兩字有內外人已之分惟是非一端則兩字皆在內而照乎外蓋仁義禮皆在內而外接乎物惟智則獨在內而外照乎物也."

91 요堯의 아들로 불초한 사람의 대표로 흔히 거론된다.

92 원문은 '甞'인데, 문맥을 살펴 '常'으로 고쳐 번역하였다.

93 『중용혹문中庸或問』에 있는 내용이다.

94 『대학大學』에서 치지致知(앎을 완벽히 이룸)은 성의誠意(생각이 성실해지게 함) 이
전에 이루어지는 공부로 상정되었다.

95 『중용中庸』에서 명선明善(선을 인식함)은 성신誠身(자신을 성실해지게 함) 이전에
이루어져야 할 공부로 상정되었다.

96 부모의 인정을 받음.

97 친구들의 믿음을 받음.

98 윗사람에게 등용됨.

99 『논어찬소論語纂疏』와 『논어대전論語大全』에 보이는데, 『논어대전』에 절재節齋
채씨蔡氏라고 명기하였다. 채연蔡淵(1156-1236)은 자字가 백정伯靜, 호가 절재節
齋이며 채원정蔡元定의 큰 아들이다. 오경五經에 두루 정통하였고 자사子史를 두
루 섭렵하였다. 무이정사武夷精舍와 창주정사滄州精舍에서 주자朱子에게 배웠다.

100 지知, 인仁, 용勇을 가리킨다. 『중용中庸』의 제3장부터 부분적으로 다뤄지고, 제
20장에서 본격적으로 다뤄진다.

101 『대학大學』의 전傳 제3장에 『시경詩經』「문왕文王」의 "목목문왕穆穆文王, 오집희경
지於緝熙敬止"를 인용하였는데, 주자朱子는 "그윽한 문왕이여! 아, 이어지고 빛
나나니, 경敬을 견지하여 머물 곳에 편안히 머물러서 그러하다."라고 해석하
였다.

102 실제로는 전傳의 제9장에서 '제가·치국'에 대해서 다루고 제10장에서 '치국·
평천하'에 대해 다룬다.

103 伏羲, 神農, 黃帝, 堯舜의 시대와 흔히 삼대三代라고 불리는 하나라, 은나라, 주
나라를 합친 용어로 보인다.

104 일반적으로 '곱자로 재는 방법'으로 해석하는데, '잘 재어서 공정하게 만드는
방법'이라는 뜻으로 해석하는 경우도 적지 않다.

105 임은은 도통道統을 '길'의 개념으로 이해한 듯하다.

106 『대학장구大學章句』를 가리킨다.

107 項氏家說·中庸臆說, 天命之謂性自然之中也率性之謂道自然之和也脩道之謂教君
子學以致其中和也自此以下皆教之事道也者不可須臾離也可離非道也此言太虛沖漠
未發者之不可失也是故君子戒愼乎其所不睹恐懼乎其所不聞所以存之也莫見乎隱莫
顯乎微此言幾微眹兆將發者之不可妄也是故君子愼其獨也所以審之也喜怒哀樂未發
謂之中則所存者得矣發而中節謂之和則所審者當矣中也者天下之大本也天命之性也
和也者天下之達道也率性之道也致中和天地位焉萬物育焉脩道之極功也天地位中之

至也萬物育和之至也.

108 항안세項安世(1129-1208)는 자字가 평보(平父 혹은 平甫)이고, 호는 평암平庵이
다. 절강성 괄창括蒼 지역 사람이지만 나중에 호북성 강릉江陵에서 살았다. 7
세에 시를 지을 수 있었고, 효종孝宗 순희淳熙 2년에 소흥부紹興府의 교수가 되
었다. 이때 주자와 토론을 주고받았고, 주자의 추천을 받아 간관諫官이 되었
다. 『항씨가설項氏家說』과 『주역완사周易玩辭』 등을 남겼는데, 이 글은 『항씨가
설』 「중용억설中庸臆說」에 있는 내용이다.

109 周濂溪의 『通書』 「誠下」에 "원과 형은 성의 펼쳐 나감에 해당하고 利와 貞은 誠
의 거두어들임에 해당한다.[元亨, 誠之通; 利貞, 誠之復]"이라는 말이 있다. 여기
서 誠은 세계 전체의 법칙을 가리키고, 원·형·이·정은 세계의 구체적인 네
가지 법칙이다.

110 원문은 "是惻隱之至隱者也"인데, 문맥을 살펴 '惻'을 '則'으로 고쳐 번역하였다.

111 사람의 마음 전체를 가리킨다기보다는 사람이 형체가 있기에 가지는 여러 욕
구들과 관련된 마음을 한정적으로 가리킨다.

112 미미하다는 의미이다.

113 原有 '不'.

114 이른바 십육자심결十六字心訣, 즉 "人心惟危, 道心惟微, 惟精惟一, 允執厥中"을 말
한다. 『尚書』 「大禹謨」의 한 구절이다.

115 이 대목은 장횡거의 『正蒙』 「太和」편에 있는 다음과 같은 정의를 활용한 것이
다. "태허이기 때문에 하늘이라는 이름이 있는 것이고, 기들의 변화로 인해 道
라는 이름이 있는 것이며, 태허와 기를 합하여 性이라는 이름이 있는 것이고,
성과 지각을 합하여 마음이라는 이름이 있는 것이다.(由太虛, 有天之名 ; 由氣化,
有道之名 ; 合虛與氣, 有性之名 ; 合性與知覺, 有心之名.)"

116 맹자의 이 말은 아래에 인용한 것과 함께 모두 『孟子』 「盡心章句下」에 있는 내
용이다. "입이 맛에 대해, 눈이 색에 대해, 귀가 소리에 대해, 코가 냄새에 대
해, 사지가 편함에 대해 가지는 욕구는 性이지만, 命인 측면도 있기에 군자는
그것을 성으로 간주하지 않는다. 仁이 부자 관계에서, 義가 군신 관계에서, 禮
가 주객 사이에서, 智가 賢者를 통해서 드러나거나 聖人이 天道에 부합하는 것
은 命이지만 性인 측면도 있기에 군자는 그것을 명으로 간주하지 않는다.(口之
於味也, 目之於色也, 耳之於聲也, 鼻之於臭也, 四肢之於安佚也, 性也, 有命焉, 君子不謂性
也. 仁之於父子也, 義之於君臣也, 禮之於賓主也, 智之於賢者也, 聖人之於天道也, 命也, 有

性焉, 君子不謂命也.)"

117 『맹자孟子』「진심하盡心下」에 나오는 말이다. 육신의 욕구들은 성性이긴 하지만 명命인 측면도 있어서 군자는 그것을 성으로 여기지 않고, 도덕적 준칙은 명命이긴 하지만 성性인 측면도 있어서 군자는 그것을 성으로 여기지 않는다는 내용이다. 여기서 '성이긴 하지만 명인 측면도 있다'라는 말은 그대로 따라야 할 것 같지만 사실상 일정한 한계가 있다는 의미이다. 孟子曰 : "口之於味也, 目之於色也, 耳之於聲也, 鼻之於臭也, 四肢之於安佚也, 性也, 有命焉, 君子不謂性也 ; 仁之於父子也, 義之於君臣也, 禮之於賓主也, 智之於賢者也, 聖人之於天道也, 命也, 有性焉, 君子不謂命也."

118 사람마다 타고난 도덕성이 차이가 있을 수 있는데 이것이 이른바 '명命'이고, 사람의 본성 자체는 모두 선하므로 모두 도덕적으로 살려고 노력해야 한다는 의미를 담은 것이 이른바 '성性'이다.

119 『상서尚書』「요순堯典」에 나오는 말이다. 순舜이 여러 문제 있는 가족들에게 줄곧 도덕적으로 권장하여 선하게 만들었다고 한다. "烝烝乂."

120 『상서尚書』「대우모大禹謨」, 순舜이 천자가 되어 부친을 만났을 때의 심리적 자세를 표현한 것이다. "夔夔齊慄."

121 성리학자들은 도교와 불교에서 추구하는 것이 바로 이렇게 인륜을 완전히 끊고 절대적 고요의 세계로 초월하는 것이라고 생각하였다.

122 주자가 59세에 올린 〈무신봉사戊申封事〉를 가리킨다. 『朱文公文集』 권11에 실려 있다.

123 『논어論語』「안연顔淵」에서 극기복례克己復禮의 조목으로 제시된 "예가 아니면 보지 말고, 예가 아니면 듣지 말고, 예가 아니면 말하지 말고, 예가 아니면 움직이지 말라[非禮勿視, 非禮勿聽, 非禮勿言, 非禮勿動]."의 네 '비非'를 가리킨다.

124 "非禮勿視, 非禮勿聽, 非禮勿言, 非禮勿動."의 네 가지 '물勿'을 가리킨다.

125 공자는 "자기를 이기고 예를 회복하는 것이 인仁이다. 어느 날 자기를 이기고 예를 회복하게 되면 천하 사람들이 모두 인仁하다고 인정할 것이다. 인仁을 행하는 것은 자기를 말미암는 것이지, 남을 말미암는 것이겠는가[克己復禮爲仁. 一日克己復禮天下歸仁焉. 爲仁由己而由人乎哉]."라고 하였다.

126 『어류』 87 : 161 問 : "陽魂爲神, 陰魄爲鬼. 祭義曰 : '氣也者, 神之盛也 ; 魄也者, 鬼之盛也.' 而鄭氏曰 : '氣, 噓吸出入者也. 耳目之聰明爲魄.' 然則陰陽未可言鬼神, 陰陽之靈乃鬼神也, 如何?" 曰 : "魄者, 形之神 ; 魂者, 氣之神. 魂魄是神氣之精英,

謂之靈. 故張子曰: '二氣之良能.'" 二氣, 卽陰陽也. 良能, 是其靈處. 問: "眼體也, 眼之光爲魄. 耳體也, 何以爲耳之魄?" 曰: "能聽者便是. 如鼻之知臭, 舌之知味, 皆是. 但不可以 '知' 字爲魄, 纔說知, 便是主於心也. 心但能知, 若甘苦鹹淡, 要從舌上過. 如老人耳重目昏, 便是魄漸要散." 潘問: "魄附於體, 氣附於魂, 可作如此看否?" 曰: "也不是附. 魂魄是形氣之精英." 銖問: "陽主伸, 陰主屈. 鬼神陰陽之靈, 不過指一氣之屈伸往來者而言耳. 天地之間, 陰陽合散, 何物不有? 所以錯綜看得." 曰: "固是. 今且說大界限, 則周禮言 '天曰神, 地曰祇, 人曰鬼'. 三者皆有神, 而天獨曰神者, 以其常常流動不息, 故專以神言之. 若人亦自有神, 但在人身上則謂之神, 散則謂之鬼耳. 鬼是散而靜了, 更無形, 故曰 '往而不返'." 又問: "子思只擧 '齊明盛服' 以下數語發明 '體物而不可遺' 之驗, 只是擧神之著者而言, 何以不言鬼?" 曰: "鬼是散而靜, 更無形, 故不必言. 神是發見, 此是鬼之神. 如人祖考氣散爲鬼矣, 子孫精誠以格之, 則 '洋洋如在其上, 如在其左右', 豈非鬼之神耶?" 銖(67 이후).

127 『어류』3 : 19 高誘淮南子注曰: '魂者, 陽之神 ; 魄者, 陰之神.'

128 『어류』63 : 125 "'陽魂爲神, 陰魄爲鬼.' '鬼, 陰之靈 ; 神, 陽之靈.' 此以二氣言也. 然二氣之分, 實一氣之運. 故凡氣之來而方伸者爲神, 氣之往而旣屈者爲鬼 ; 陽主伸, 陰主屈, 此以一氣言也. 故以二氣言, 則陰爲鬼, 陽爲神 ; 以一氣言, 則方伸之氣, 亦有伸有屈. 其方伸者, 神之神 ; 其旣屈者, 神之鬼. 旣屈之氣, 亦有屈有伸. 其旣屈者, 鬼之鬼 ; 其來格者, 鬼之神. 天地人物皆然, 不離此氣之往來屈伸合散而已, 此所謂 '可錯綜言' 者也." 因問: "'精氣爲物', 陰精陽氣聚而成物, 此總言神 ; '遊魂爲變', 魂遊魄降, 散而成變, 此總言鬼, 疑亦錯綜而言?" 曰: "然. 此所謂 '人者, 鬼神之會也'." 銖(67 이후).

129 원문은 "朱子曰"인데, 원전에 비교해 볼 때나 문맥으로 볼 때나 직역을 하는 것은 맞지가 않아 이렇게 의역하였다.

130 여기서는 감각기관을 의미한다고 하겠다.

131 여러 각도로 교차해서 설명하거나 이해한다는 뜻이다.

132 『중용中庸』의 해당 내용은 "천하 사람들로 하여금 마음을 가지런히 하고 정갈하게 가지고 옷을 잘 차려입고서는 제사를 받들게 한다. 넘실넘실 마치 그 위에 있는 듯하고 마치 그 좌우에 있는 듯하다.[使天下之人. 齊明盛服. 以承祭祀. 洋洋乎如在其上. 如在其左右]"이다.

133 『중용中庸』에서 "귀신鬼神의 덕은 성대하지 않은가! 보아도 보이지 않고 들어도 들리지 않는데 만물의 근간이 되는 것이어서 빠뜨릴 수 없다.[鬼神之爲德, 其盛

矣乎? 視之而弗見, 聽之而弗聞, 體物而不可遺.'子曰. 鬼神之爲德. 其盛矣乎. 視之而
弗見. 聽之而弗聞. 體物而不可遺.

134 이미 귀鬼가 된 조상의 신이 자손이 제사를 지내며 정성을 모으면 신神으로
드러나게 된다는 말이다. 여기까지의 내용은 『주자어류』 권87에 실려 있다.
問: "陽魂爲神, 陰魄爲鬼. 祭義曰: '氣也者, 神之盛也; 魄也者, 鬼之盛也.' 而鄭
氏曰: '氣, 噓吸出入者也. 耳目之聰明爲魄.' 然則陰陽未可言鬼神, 陰陽之靈乃鬼
神也, 如何?"曰: "魄者, 形之神; 魂者, 氣之神. 魂魄是神氣之精英, 謂之靈. 故張
子曰: '二氣之良能.'"二氣, 卽陰陽也. 良能, 是其靈處. 問: "眼體也, 眼之光爲魄.
耳體也, 何以爲耳之魄?"曰: "能聽者便是. 如鼻之知臭, 舌之知味, 皆是. 但不可以
'知'字爲魄, 纔說知, 便是主於心也. 心但能知, 若甘苦鹹淡, 要從舌上過. 如老人耳
重目昏, 便是魄漸要散."潘問: "魄附於體, 氣附於魂, 可作如此看否?"曰: "也不是
附. 魂魄是形氣之精英."銖問: "陽主伸, 陰主屈. 鬼神陰陽之靈, 不過指一氣之屈
伸往來者而言耳. 天地之間, 陰陽合散, 何物不有? 所以錯綜看得."曰: "固是. 今且
說大界限, 則周禮言 '天曰神, 地曰祇, 人曰鬼'. 三者皆有神, 而天獨曰神者, 以其常
常流動不息, 故專以神言之. 若人亦自有神, 但在人身上則謂之神, 散則謂之鬼耳.
鬼是散而靜了, 更無形, 故曰 '往而不返.'"又問: "子思只擧 '齊明盛服' 以下數語發
明 '體物而不可遺' 之驗, 只是擧神之著者而言, 何以不言鬼?"曰: "鬼是散而靜, 更
無形, 故不必言. 神是發見, 此是鬼之神. 如人祖考氣散爲鬼矣, 子孫精誠以格之, 則
'洋洋如在其上, 如在其左右', 豈非鬼之神耶?"銖(67 이후).

135 『어류』 3 : 19 高誘『淮南子』注曰: '魂者, 陽之神; 魄者, 陰之神.'

136 이 부분은 현행본 『주자어류朱子語類』와 대조해 볼 때 몇 구절이 빠졌다. 현행
본에는 "하나의 기로 합하여 말하면 한창 펴지는 기는 또한 펴지는 것이 있고
굽히는 것이 있다. 그 한창 펴지는 것은 신神의 신神이고, 그 이미 굽혀진 것은
신의 귀鬼이다. 이미 굽혀진 기에도 또한 굽혀지는 것이 있고 펴지는 것이 있
다. 그 이미 굽혀진 것은 귀의 귀이고, 그 와서 이르는 것은 귀의 신이다.[以一
氣言, 則方伸之氣, 亦有伸有屈. 其方伸者, 神之神; 其旣屈者, 神之鬼. 旣屈之氣, 亦有屈有
伸. 其旣屈者, 鬼之鬼; 其來格者, 鬼之神.]"로 되어 있다.

137 여기까지는 『주자어류』 권63에 실려 있다. "陽魂爲神, 陰魄爲鬼.' '鬼, 陰之靈;
神, 陽之靈.' 此以二氣言也. 然二氣之分, 實一氣之運. 故凡氣之來而方伸者爲神,
氣之往而旣屈者爲鬼; 陽主伸, 陰主屈, 此以一氣言也. 故以二氣言, 則陰爲鬼, 陽
爲神; 以一氣言, 則方伸之氣, 亦有伸有屈. 其方伸者, 神之神; 其旣屈者, 神之鬼.

既屈之氣, 亦有屈有伸. 其既屈者, 鬼之鬼 ; 其來格者, 鬼之神. 天地人物皆然, 不離此氣之往來屈伸合散而已, 此所謂 '可錯綜言' 者也." 因問 : "'精氣爲物', 陰精陽氣聚而成物, 此總言神 ; '遊魂爲變', 魂遊魄降, 散而成變, 此總言鬼, 疑亦錯綜而言?" 曰 : "然. 此所謂'人者, 鬼神之會也'." 銖(67 이후).

138 『어류』63 : 107 鬼神主乎氣而言, 只是形而下者. 但對物而言, 則鬼神主乎氣, 爲物之體 ; 物主乎形, 待氣而生. 蓋鬼神是氣之精英, 所謂 '誠之不可掩' 者. 誠, 實也. 言鬼神是實有者, 屈是實屈, 伸是實伸. 屈伸合散, 無非實者, 故其發見昭昭不可掩如此. 銖(67 이후).

139 董銖字叔仲, 學者稱盤澗先生. 防虎鄉(今合肥市肥西縣) 人. 先從程洵學, 復受業朱熹門下, 深得器重. 凡來學者, 必命銖與辯難, 然後由熹折衷. 嘉定進士, 爲婺州金華縣尉. 講學德興九都, 建盤澗書院, 廣收學子. 與學友程端蒙合撰 『學則』. 朱子跋稱 : "凡爲庠塾之師者, 能以是而率其徒, 則所謂成人有德, 小子有造者, 將復見於今日矣." 後世稱『程董二先生學則』, 影響較大.

140 이것은 주자의 『중용장구中庸章句』 제1장의 말미에 있는 내용이다. 『사서대전四書大全』 본 등에서는 다른 내용으로 되어 있다.

141 『중용장구中庸章句』에 있는 "하늘이 음양오행으로 만물을 생성할 때 기가 형체를 이루고 리도 또한 부여된다.(天以陰陽五行化生萬物, 氣以成形, 而理亦賦焉)"라는 대목에 대한 설명이다.

142 『중용』의 "도는 잠시도 떠날 수 없다.(道不可須臾離)"라는 구절에 대한 설명이다.

저자 소개

정복심程復心

1255년 중국 강서성江西省 무원婺源 출생.

신안학파新安學派인 주홍범朱洪範의 제자로 같은 학파인 심귀보沈貴珤의 영향을 많이 받음.

20대부터 40대까지 "사서장도四書章圖"와 "사서찬석四書纂釋"을 저술하고 1302년에 서문을 작성함.

1308년부터 그의 저술이 지방관의 추천을 받기 시작하여

1313년에는 무원의 국립학교 교수에 임용되었으나 부임하지는 않고 이 직함을 가진 채 퇴임함.

1337년에 복건성福建省 건양建陽의 덕신서당德新書堂에서 그의 저작이 『사서장도찬석四書章圖纂釋』이라는 이름으로 출판됨.

1340년에 세상을 떠남.

역자 소개

전병욱田炳郁

1969년 경남 의령 출생.

1992년 고려대학교 한문학과 입학, 1995년 고려대학교 철학과 석사학위, 2008년 고려대학교 철학과 박사학위(「朱子 仁論 체계와 工夫論의 전개」).

고려대학교 철학연구소 연구교수를 거쳐, 현재 중국 강서성 南昌大學校 江右哲學研究中心의 연구교수로 재직 중이다.

중국과 한국의 성리학 관련 논문을 20여 편 발표하였다.

번역서로 『양명철학』(2003) 등이 있고, 공동 저술로 『역주와 해설 성학십도』(2009)가 있다.

한국고전번역원의 번역위원으로 《승정원일기》 번역에 참여하고 있다.

四書章圖隱栝總要 中